子どもの絵を読む

潜伏期の子どもの121枚の絵

J・H・ディ・レオ―著

白川佳代子―訳

INTERPRETING CHILDREN'S DRAWINGS

誠信書房

INTERPRETING CHILDREN'S DRAWINGS
by Joseph H. Di Leo
Copyright ©1983 by Joseph H. Di Leo
Japanese translation rights arranged
with Mark Paterson and Associates
through Japan UNI Agency, Inc., Tokyo.

ピカソ「デッサンをするクロード，フランソワーズ，パロマ」ピカソ美術館
© Succession Picasso, Paris & BCF, Tokyo, 2002.

序

　本書は前書の増補版として書かれたもので，実際『補助診断としての子どもの描画Ⅱ』にしようと思っていました。新しいアプローチにしなかったのは，統計解析から引き出される断片的な情報を加味したところで，全体としての子どもを捉えることはできないというわたしの主張が変わることはないからです。けれども，新しい素材がほとんどなので，新しい書名をつけてよいと考えます。全体は部分の総和より大きいという，言い古されてはいても基本的で反復可能な考え方はそのままです。こうした考え方に従って，子どもと接する臨床のなかで描画を観察し解釈しようと思います。

　本書のなかで議論をしようというのではありません。まったくその逆です。好き勝手にいろいろなところから取ってきては，描画を含め人間の営みすべてに科学の方法論を適用する研究者たちの称賛すべき努力を高く評価します。しかし，こうした研究から広く利用できる情報は，解釈に際しての主観的変数を除去するには不十分です。描画が診断や治療をするうえでの補助であり全体の一部であるということを常に心に留めておかねばなりません。手助けにはなっても臨床家に代わることはできないのです。

　わたしのこれまでの研究でまったく扱わなかった，あるいは十分扱えなかった素材には，性役割の変化，左右差，全体としての特徴と原子論的な特徴，正常な子どもと退行した大人との間の類似と相違，木の絵，家族病理の反映などがあります。認知や情緒の表われを解釈するために，より広く深い洞察が与えられています。子どもにとって安全地帯である家，その象徴的表現である家の

絵については1章をさいています。

　ジグムント・フロイト（Sigmund Freud）が直観的に「潜伏期」と名づけた発達段階をテーマとして選びました。この時期，性的衝動から発するエネルギーはしばしば方向転換され，社会的・知的な活動に注がれます。やがて多量のホルモンが分泌されるようになると，潜伏した性的衝動が，身体的な変化や抑え難い新たな欲求となって，よみがえった活力とともに噴出するのです。

　なぜ潜伏期に性的衝動が目に見えて減衰するのか，生物学的・文化的要因の果たす役割はまだ解明されていません。それでも主人公の役割は，子どもから親へと，すなわちエディプスからライオス王〔エディプスの父親〕へと理論的な逆行を遂げるようです。幼児性欲論を提唱し誘惑理論[1]を放棄するまえに，フロイトがもともととっていた立場に戻るのです。

　ところで，注目に値するほどに潜伏期の子どもの何がそれほどまでに特異なのでしょうか。ほかの優れた研究者と同じく，特にアンナ・フロイト（Anna Freud）は，子どもたちに直接かかわることによって，自我の発達，ホルモンの影響，攻撃性，生産性，自己中心性の減少との関連で潜伏期への理解を一層深めてくれました。この段階は表面上の平衡をとって水面下の現象を見えにくくしています。この段階の両端にある幼児期と前青年期からの侵害にさらされながら，それでも活発に活動しているのです。発達のスペクトルのどの段階も，シェイクスピアのことば「……過去は前奏であり，未来もまた……」にみるように，過去も未来もないものとして切り離すことはできません。したがって潜伏期から，その前の幼児期や，その後の青年期・成人期を垣間見ることができます。見通しをよくするために，その二つの段階に当たってみようと思います。

　33年間ニューヨーク愛児病院発達外来部長として務め，個々の子どもとか

---

1), 2)……は訳注，＊は原注を表わす。
1)　誘惑理論（seduction theory）：幼児期における父親あるいは身近にいた男性からの性的虐待が外傷となり，後々の神経症の原因になるというフロイトの理論（1895-1897）。ここでは大人がイニシアティブをとり，子どもの性的体験は受動的なものと見なしている。これは誤りとして取り下げられ，その後は幼児性欲論へと理論的移行を遂げた。

かわってきました。そのほとんどの時間を，わたしを魅了してやまない子どもの描画の研究に注ぎました。これらの絵のなかには，一人ひとりの子どもを，さらには多くの大人をも理解するうえではるかに有用な情報がなみなみとたたえられています。ファッションも時代も変化しますが，子どもは人類にとって永遠の父です〔子どもには教えられることが多いものです〕。

　子どもやその家族を悩ます問題の多くは，葛藤が沈静化したかに見えるこの時期に悲しいほど増えます。一方で，社会的な活動やスポーツ，勉学を楽しむのもこの時期です。このようにして描画を研究することで，ほかの子どもが昇華しているときに，なぜ一部の子どもは行動化するのかがわかります。しばしば，自制しようという努力が青年期の圧倒的な要求に屈服してしまわないうちに，言語化できない怒りや空しさ，不満が，絵を描くことでうまく外に向けて発散されます。

　個々の不幸な子どもは，一人ひとりが違った形で不幸です。事実というものは，それをわたしたちが意味づけるまでは無意味です。臨床的なアプローチをすることで，ノーマン・カズンズ（Norman Cousins）のいう「過度に統計学的に考える傾向」から心を解き放してくれます。

目　次

序　i

1章　解釈について ─────────────────── 1
　　ハードデータとソフトサイン──解釈することは
　　　意味を明らかにすること　1
　　絵を解釈するうえでの会話の役割　3
　　発達的な視点　4
　　シンボル　9
　　空間の利用　12

2章　形式上・様式上の特徴 ──────────── 15
　　描線の性質　15
　　空間における位置　15
　　陰影づけ　19
　　統合　19
　　対称性とバランス　23
　　スタイル　25

3章　認知が関与するのは：ボートに乗った人の絵 ── 27
　　認知の発達と描画　34
　　出生を象徴する船のテーマ　36

4章　ほとんどが情緒的な子どもの家の絵 ―――― 38
　家の絵に表現された情緒　38
　自由画のなかでしばしば描かれる家　39
　前青年期の子どもは自由画のなかに家を描かなくなる　43
　子どもの家の絵からわかる認知　44
　安息所としての家　49
　女性シンボルとしての家　54
　建築家への影響　54

5章　投影としての子どものアート ―――― 55
　子どもの絵をパーソナリティの投影とする見方　55
　子どものアートにおける感情表出　56
　ミニマリズムと紋切り型　59
　信頼感や自尊心として機能する個人空間　64
　個人空間と人物画の相関　65
　認知-情緒の割合――シーソー効果　65
　家族画にみる感情と対人関係　66
　気持ちを表現する手段としての家族画　71

6章　全体とパーツ ―――― 73
　原子論と全体論　74
　細部　74
　ハードおよびソフトな科学　80
　全体のなかでパーツの意味が獲得される　80

7章　全体としての特徴 ―――― 82
　大きさ　82

動いているという錯覚　82

　　動きを描写するには　85

　　最初に描かれる性について　88

　　家族画から自分を省くことについて　90

　　母親不在　92

　　父親不在　92

　　家族を描くことに抵抗する子ども　97

　　幾何学的な人物像　98

　　絵は自己像でしょうか　98

8章　身体のパーツ —————————————————— 103

　　パーツにおけるヒエラルキー　103

　　頭部　104

　　目　111

　　腕と手　116

　　耳　120

　　解剖学的な構想　120

9章　西欧社会の子どもたちが理解している性差と性役割 —————— 124

　　最初は性差をどう描出するか　124

　　学齢期の子どもが理解している性差　128

　　成長しつつある潜伏期の子ども　128

　　西欧社会における性役割　128

　　（父権からの）解放　139

10章　左右差とそれが描画におよぼす影響 ———————————— 145

　　生後早くからみられる利き手　145

　　目と手　145

志向性と横顔の向き　147
　　絵からわかる利き手　148
　　文字や数字の逆転　151
　　右-左　158
　　大脳半球の特殊化　162
　　利き手と認知スタイル　163
　　知覚と認知スタイル　164
　　人物画における認知スタイルとボディイメージ　164

11 章　木の絵とパーソナリティ ── 167
　　一般的な考え方　167
　　全体やそのパーツが象徴するもの　168
　　子どもの描いた木の絵　169

12 章　絵に表われた情緒障害 ── 176
　　文化的な制約から解放された人びとの絵　176
　　遅滞のある子どもの絵　177
　　情緒障害のある子どもの絵　177
　　創造性，狂気，子どものアート　189
　　退行した絵と正常な子どもの未熟な絵を比較して　191
　　Art Brut（アート・ブルート）　192
　　絵から分裂病のサブタイプを区別しうるか　196

13 章　落し穴 ── 197
　　描画行動における矛盾　197
　　細部への過度のこだわり　197
　　環境要因を評価することに失敗すると……　201
　　診断にあたって絵を過大視するのは……　201

遍在する性シンボル　205
　　　逐一機械的に解釈することについて　208

14章　平和教育におけるアートの役割 ― 209
　　　アートは世界共通の言語を話す　209
　　　視覚アートの独自性　209
　　　音楽と視覚アート　210
　　　創造性の発揚（覚書）　212

15章　思い起こすことなど ― 214

　　　付録　絵の解釈：手順について　221
　　　文　献　227
　　　訳者あとがき　233
　　　人名索引　239
　　　事項索引　241

1章
解釈について

「目に見えない事柄について想像したり語ったりしよう」。(ジョン・ミルトン)[1]

ハードデータとソフトサイン[2]
――解釈することは意味を明らかにすること

　首尾良く意味を見いだすために，多方面からアプローチをします。統計解析に耐え信頼性や妥当性のあるハードファクト（確かな事実）を集積することで，科学的な精神は満たされます。この方法を描画研究に用いれば，得られた所見とそれに与えられてきた意味とがどの程度相関するかわかります。手を強調することは攻撃傾向と関連があるのでしょうか。このことが大多数の攻撃的な人たちに見られるなら，一般的にそうだと言ってしまうこともできるでしょう。

　もう一つのアプローチとして，いつも攻撃的な行動をとり，しかも決まって巨大な手を描く人を一例，縦断的かつ綿密に調べていくという方法を利用することもできます。もし追跡調査で手の大きさと攻撃的な行動がともに減少すれば，こうした臨床的アプローチがいっそうゆるぎないものになります。

---

1) ジョン・ミルトン（John Milton, 1608-74）：ロンドン生まれの詩人。宗教的な叙事詩の大作「失楽園」をはじめ数々の詩作にいそしみ，シェイクスピアに次ぐ大詩人として広く評価されている。
2) ハードデータとは実証できるデータ，ソフトサインとは主観的なサイン。

二つのアプローチを組み合わせると，それぞれが断片的なハードデータからでも，包括的で確かな理解のもとに，妥当性を引き出すことができます。このような形で全体的な解釈を加えることによって，臨床家の興味をそそり，描画が臨床的な診断や治療に広範囲に役立つことが説明できるのです。

　さしあたり，本書を通してあちこちで取り上げられた率直な主張に心を留めたいと思います。すなわち，わたしたちの知る限り，子どものアートを解釈するのに人間のもつ主観という要素を捨て去ることはできません。統計学的な証拠だけでは範囲が限定され，相異なる見方を排除し結論を導くには不十分です。

　確かに統計学より得られた全般的な傾向を考慮することで，解釈は補強されます。しかし子どもを理解するということは，一人ひとりを研究することです。二人として同じ子どもはいないのですから。

　描画は，速やかに，たやすく，そして楽しく子どもとラポールをとるうえでの一つの手段になります。臨床家のなかでもウィニコット（Winnicott）は，スクィグル・ゲームに卓抜した才を示しました。そこでは，子どもと絵をやりとりし，相互に楽しくほのめかしたり絵を完成させたりして，決め手となる初回面接を十分活用しました。子どもはみずから分析することで，主体的な役割をとるのです[3]。分析家の判断で，完成した絵を両親に見せることもあります。子どもとのやりとりに描画を使ったことがあるなら，家族や家族との関係のなかの自己というものをどんなふうに位置づけているかを物語る子どもの絵を見て，両親がどれほど驚くかを知っています。

　解釈における主観的要素は，解釈を行なう個人に固有のものです。二人として同じ子どもがいないように，二人として同じ専門家もいません。30年以上も経験を積むと，独断的な解釈をしようという気持ちは薄れてくるものです。わたしが提示しようとしている素材について読者は異なった見方をし，異議を唱えたり，わたし以上の解釈を与えるかもしれません。

---

[3] 無意味な走り書きから意味のある絵を完成することで，解釈を与えるという分析家の役割をとること。

いずれにしろ，ことばの違いを越え，子どもだけでなく知的あるいは情緒的問題を抱えた人びとと取り組むものにとって，描画のもつ潜在的価値について疑いの余地はありません。

絵を解釈するうえでの会話の役割

お話ができるようになると，子どもは絵を描きながらおしゃべりをします。絵のなかではっきりしないことを明らかにしているのかもしれないので，子どもがおしゃべりしたことは記録しておかなければなりません。

なんといっても，就学前の子どもで最初に頭に浮かぶことといえば，たとえば猫を描くことでしょう。しかし絵を描いているうちに（猫のことを思い浮かべて描き始めていても），車とかボートとか次々名前が変わります。翌日には，同じ子どもがその絵を見せられてそれは家だと言い張るかもしれません。学齢期の子どもたちは，それまでになく，絵と話しことばが一致するよう期待されます。

子どもたちを励まして何をして何を描いたかお話してもらうときは，決めつけないようにすべきです。はっきり限定して「これは何？」と聞いてしまうと，絵に関係のないような答えを要求してしまうことにもなりかねません。子どものことばにただ耳を傾けたり，限定しないで「この絵について何かお話してごらん」というくらいにしておいた方がよいでしょう。

絵を見てお話したことはどんなことでも，その子どもの態度，思考，感情を知る手がかりになります。このことから思い出されることは，その昔1913年にリュッケ（Luquet）が，インクで絵を描いていた子どもがたまたましみを作ってしまい，それでもわざと作ったかのようにそのしみを犬とか海とかそのほかいろいろに呼ぶことがあると語ったことです（ロールシャッハ『精神診断学』, 1942)[4]。

---

4) H. ロールシャッハ『精神診断学』，鈴木睦夫訳，金子書房，1998。

幼い子どもではコミュニケーションの手段として描画より会話の方が優れている，ということはごく当たり前のことです。それとわかるような人物が描けるまでに，会話は十分発達しています。すなわち，文が長くなり文法的にも正確になって，無数のことばで表現できるようになります。しかし，こうした会話と描画の間に格差があるから，誤解を招いてしまうのです。描画の会話より優れた点は，言語表現のもつ力とか奔放さの及ばないところで，知性や情緒における機微が表現できることです。語彙の豊富な大人でさえ，一枚の絵がたちどころに物語る内容を伝えようとすれば，何百という語を必要とするでしょう。ギリシャの壺を前にしたジョン・キーツ[5]でもなければ，文筆の才だけで，描出しようとする対象の真の姿を彷彿とさせるような心のイメージを創造することはできません。書きことばでも話しことばでも，目の前のイメージを解釈し解説を加えることはできますが，十分に肩代わりすることはできません。そこに，子どもを理解し治療しようとするものたちが子どもの作品に敬意を表する理由があるのです。

　幼い子どもたちのことばによる説明が妥当かどうかわかりませんが，治療者は耳を傾けメモを取りながら，示唆することなく子どもたちを励ましてお話をしてもらいます。学齢期の子どもだったら，連想を巡らせコンテクストを加えて解釈をしてしまうかもしれません。絵というものは個人的な表現であり，その意味も個人的です。

発達的な視点

　行動の各側面を正しく評価しようと思うなら，対象の年齢と発達レベルを考慮に入れなければなりません。この一般的な法則はとりわけ子どもに当てはまります。子どもが大きくなるにつれ何ができるようになるのか知っておくことは大切です。膨大な研究によって，発達に沿って獲得されるべきもの，すなわ

---

[5] ジョン・キーツ（John Keats, 1795-1821：ロンドン生まれの詩人。神話をふまえた長詩「エンディミオン」などがある。

図1
8歳11カ月女児の絵。もっと魅力的に見えるように，思い直してスカートを透明画に変えました。

図 2
6 歳 6 カ月女児 J. A. は，医者である自分の父親を描きました。

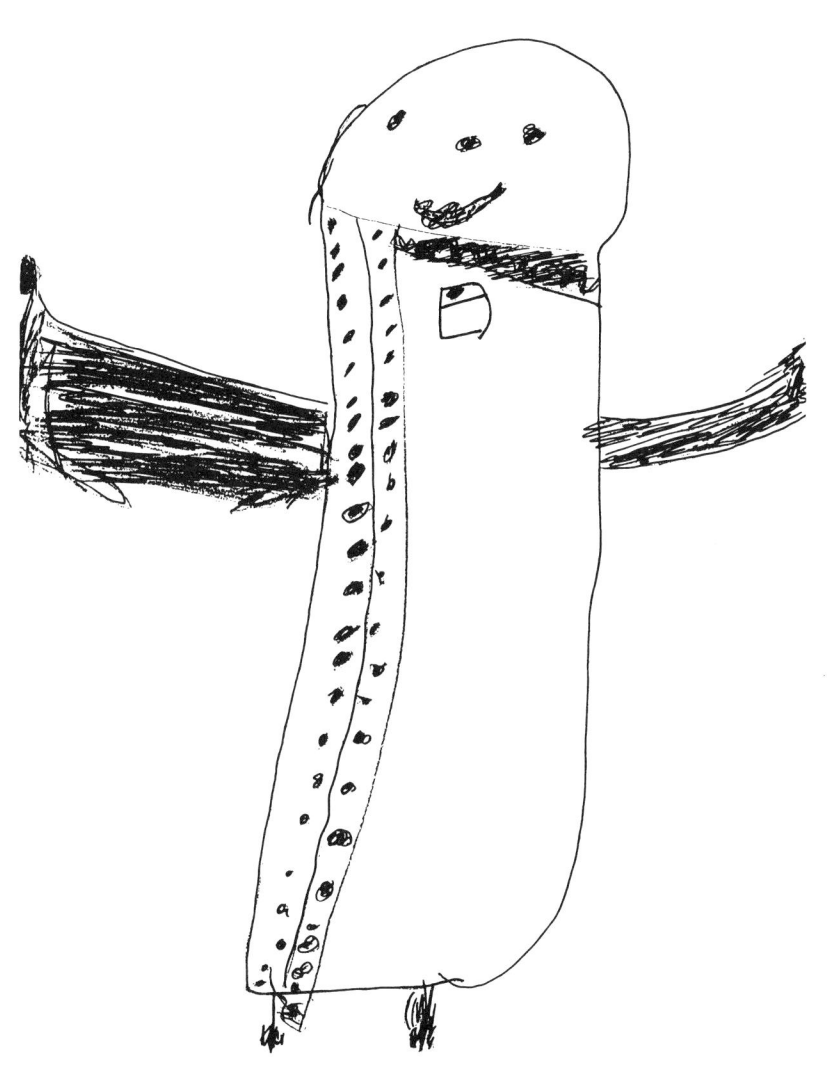

図3
11歳女児の絵。

1章 解釈について

ち里程標が同定されました。発達段階論（フロイト，エリクソン〈Erikson〉，ピアジェ〈Piaget〉，ゲゼル〈Gesell〉）は発達過程への理解を深めてくれました。わたしは，発達段階論と実際に生起していることとを一覧表に組み込み，出生より青年期に至る全体的な見通しを立てました（Di Leo, 1977）。

以下の例のように，子どもの発達年齢によって，人物のある部分が描かれたり描かれなかったりすると，概念上あるいは情緒的な意味を帯びるようになります。

　　事実：女性の下半身が洋服から透けて見えるように描かれています。
　　解釈：描き手の成熟度いかんです。就学前の子どもが透明画を描くことはありうることで，実際に見えているかどうかではなく，そこにあるかどうか自分が理解しているように描きます。前操作期の知的リアリズムです。しかし，学齢になった前思春期の子どもの絵に透明画があれば，精神障害あるいは発達レベル以下で機能していることがわかります。8歳11カ月女児の描いた図1には，性的なものが垣間見られます。青年や成人で下半身に透明画があれば，観淫症がうかがわれます。

解釈を誤るのは，発達年齢のさまざまなレベルで普通に見られる事柄に明るくないためです。

ボタンを強調するのは，適応不全の子どもたち，とりわけ母親に依存的な行動を示す子どもの絵に見られてきました（Machover, 1949）。

6歳6カ月女児の描いた図2は，彼女の父親です。洋服のボタンが目立った特徴です。たとえ依存性を象徴しているにしても，この年齢の女児の父親への愛着は取り立てるようなものではありません。6歳の子どもが自立しているなどということはないでしょう。

ところで，11歳女児の描いた図3は自画像です（彼女は自分を指さしながら「わたし」と言いました）。腕と首は濃く塗り込められています（不安）。一

方に寄せてボタンが2列に長々と並んでいます。ポケットは胸の上です。この子はけいれんの治療中でした。成績は芳しくなく，特殊学級に入っていました。自分の欠陥がわかっていたので，まったくやる気をなくし，不全感がありました。父親がこの子のことを何度も「バカ」と呼ぶので，拒否されていると感じ，ますます悪化していました。ボタン，ポケット，陰影づけ，そのほかすべてのことから，この奇妙な絵が，この前思春期の子どもの依存的，幼児的で不全感のあるパーソナリティを物語っていることがわかります。こうした解釈は臨床所見と合致しました。

シンボル

およそ4千年前に，文明人の登場と相まって手書き文字が発明されました。それより遠く2万年から3万年前にアルタミラやラスコーの洞窟壁画が描かれたことから，興味の対象を図式化し，そうすることによって少なくともイメージのなかで抱き続けたいという人類の要求があったことがわかります。

シンボルはもっとも一般的で効果的なコミュニケーションの手段です。穏やかなハトが平和を表象するように，広くみんなの合意を得ることで，一つの対象が一つの抽象的な実在を表わすようになります。すなわち，夢やマンダラという図式のなかにある元型という大釜の底から，一つのシンボルが浮上してくるのです。また一方で，内的世界と外的現実との間のギャップに橋渡しをするのが，子どもに連れ立ってベッドまで同行する移行対象です（Winnicott, 1971）。このようなありとあらゆる形式が，子どものアートに見いだされます。

夢の顕在内容が子どもの個人的な連想につながると意味を帯びてくるように，シンボルについても同じことがいえます。意識的にしろ無意識的にしろ，描かれたシンボルが描き手の個人的なヒストリーのなかで検討されて初めて，意味をもちます。人が違えば意味も違ってくるのです。誰かが水のなかに落ちるような絵が特別な意味をもってくるのは，アルコール依存症の患者が描いたときです。絵の内容はその個人について語っています。それぞれの個性しだ

で絵から何かが汲み取れるのです。

　絵のなかのある特徴が絵全体と関連づけられるなら，妥当だといえるでしょう。さらに，絵全体が包括的な診断を下す際の一つの要素となるなら，妥当です。

　夢と同様に，一つのテーマやそのシンボルが繰り返し現れるときは注目に値します。いずれにしろそれは，抑圧という障壁を越えて出現した重要事項だったり，トラウマなのかもしれません。

　絵を続きで取っておくのは，以前の絵と比較するのが便利なだけでなく，別の理由があります。連続した絵は，ある期間に起こった変化を一目瞭然に見せてくれる証拠文書となるからです。

　ユング（Jung, 1968）は記号とシンボルの基本的な違いに着目しました。記号は人工的なものです。それ自体意味がなく，「ストップ」「ゴー」の交通信号のように，社会全体の合意のもとに，ある対象や指示の代わりに使用されるものです（代替物です）。シンボルは根本から異なります。それは自然発生的な現象で，その明白な形式のかげに意味が隠されています。記号に比べて，目に見える以上のことを表象しています。夢や無意識の考え，気持ち，行動がシンボルの源泉です。ですから，夢を見て，行動し，絵を描く人という，まさにその現実のコンテクストのなかで解釈する必要があります。カギ穴にさしたカギは，性交のシンボルとして解釈するのがもっとも一般的です。なんとイタリアでは，指し込むのに十分な硬さがあるとか受け入れるための穴があるというので，カギそのものが男あるいは女として認識されています（chiave maschia, chiave femmina）。自分の家に入るたびに誰もがそうした無意識のメッセージを思い浮かべることはないと思いますが。

　インドや中国の視覚アートほど洗練された象徴性を発揮したものはありませんでした。こうしたアートの目的は，身体的な属性という媒体を通して神聖で抽象的な考えを伝えることでした。

　最初の頃は，釈尊を表象することなど不可能だと考えられていました。というのも涅槃に入ると彼は消滅してしまうからです。その後，忠実な信者たちが

自分たちの尊敬の念になんらかの身体的刺激を必要とするようになり，石にうがった巨大な仏足石[6]によって釈尊の偉大さを証明し，「開眼の念」を表象することに決めました。最終的には，ギリシャのアーティストの影響のもとに（ギリシャ神話の神々が人間の姿をとったように），釈尊に人間の形に似た表象が与えられました。釈尊だとわかる 32 の聖なるマーク（laksanā）を細々と描きこむことにしたのです。これらのなかには，頭部の隆起した結節（isñisa），安らかな瞑想を思わせる神秘的な微笑，まゆ毛の間にある巻き毛（ūrnā）などがあります。さまざまなイメージのなかでもう一つ目につく特徴としては，耳たぶの垂れた大きな耳があります。手や指のさまざまな身ぶり（ムドラー）[7]からは，加護や瞑想，祈り，教え，そのほか釈尊の務めの数々を目の当たりにすることができます。

　マンダラ（サンスクリット語でいう「円」）は仏教の図解書にたびたび登場し，釈尊のまわりの聖なる領域だったり宇宙の表象だったりします。マンダラが特定の文化に特異的に見られるということはありません。それは完全性の印としてあまねく見られます。あらゆる表象的なアートの始まりでもあるのです。わたしたちすべての生活のなかで，なにげなく描かれた円が身の回りの何か，おそらく頭部だとわかった瞬間の驚きを記すものがマンダラなのです。こうして最初のシンボルが作られます。その原初の円のなかに，目，口，鼻を表わすための図柄がていねいに描きこまれます。太陽にするには，大昔の人びとがしたように，そして世界中のきょうだいたちがそうしているように光線を描き加えればよいのです。

　マンダラという現象が至るところで見られるので，ユングは，元型としてのシンボル，すなわち人類が共通にもっている神経心理学的な継承物（遺産）の表われと見なしました。

---

6) 仏足石（footstep）：釈尊の足跡を石に刻んだもの。古代インドで釈尊のシンボルとされ，のち礼拝の対象となった。
7) ムドラー（mudra，母陀羅）：仏教で印相，密印と呼ばれるもので，神仏の悟りの内容や請願を表象する手指の構えをいう。

空間の利用

　人物や木が描かれた空間を，想像上の横線で上半分と下半分に，縦線で右半分と左半分に分けて分析してみましょう。紙の下の方に小さく描かれた人物は，不全感や安心感のなさ，抑うつさえも表現しています。一方，上半分に描かれると楽観，あるいは自己愛，さらには空想を示唆するものです。
　中央線の右か左かで解釈は異なります。まず第一に，左右とは見る人の左右なのかあるいは描かれた人物の左右をいうのか，どちらか決めなければなりません。また文化的な志向性，すなわち左から右に書くのかその逆かを考慮に入れなければなりません。このことは，習慣的に字や絵をどちらから書き始めるかということです。論を進めるために，被験者は左から右に書くものと考え，画面の左右とは見る人の左右であると仮定します。
　バック（Buck, 1974）によれば，情緒的な充足を求めがちな直情の人は，人物を中央線から左寄りに描きます。人物をずっと右寄りに描くのは，知的な充足を望むような思慮深い人に多いといわれます。マコーバー（Machover, 1949）は，左寄りに描くのは自己志向的なパーソナリティであり，反対に画面の右寄りに描くのは環境志向的であると見なしました。適応のよい人びとは，ほぼ中央に，とりたてて小さくも大きくもなく描きます。
　樹木画についての論文のなかでボーランダー（Bolander, 1977）[8]は，人物画に適用されている解釈に加えて，画面の左側か右側かということにはっきりと性的な意味づけを与えました。左側は女性原理，右側は男性原理と見なしました。左右どちらかに傾いている木は，父親か母親の影響の大きさを物語るものです。さらにボーランダーは，画面の上半分を未来の領域，真ん中の部分は現在，下半分は過去によって構成される区画であると解釈しました。
　バック（1974）は，左寄りに描くのは直情的，感情的，自己中心的な傾向で

8）　カレン・ボーランダー『樹木画によるパーソナリティの理解』高橋依子訳，ナカニシヤ出版，1999年。

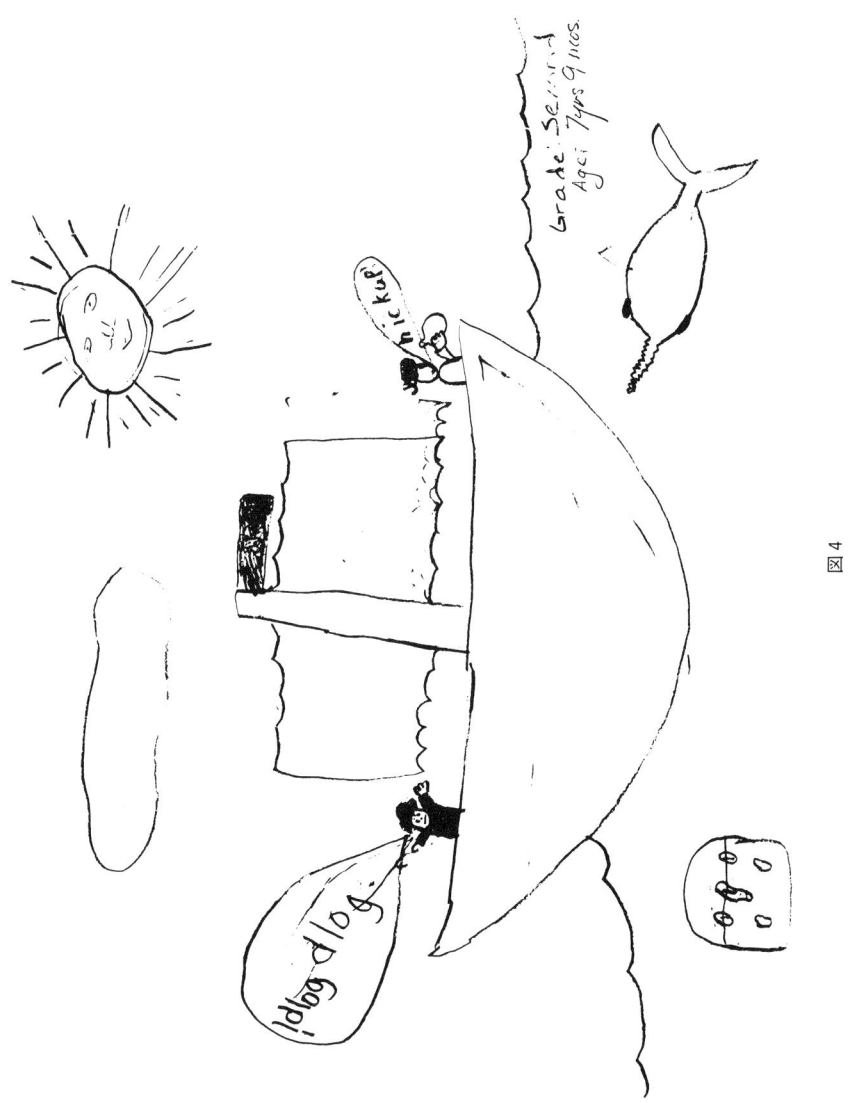

図4

あり，右寄りに描くのは抑制的で，情緒的な充足より知的な充足を求める傾向を示唆していると考えました。左側が女性的で右側は男性的だとする証拠もありますが，バックはその点について明確化しようとはしませんでした。

不安のない安定した潜伏期の子どもでも，7歳9ヵ月のアルフレッドの絵に見るように，空想に身をゆだねることがあります（図4）。

念入りに想像力豊かに描かれた絵は，生き生きとした海の光景です。水兵が一人酒を飲みながらしゃっくりをしています。もう一人は宝箱を見つけて「金だ，金だ」と叫んでいます。一方，メカジキが船底をねらっています。すべてが明るい太陽のもとでの光景です。

明らかなことは，この絵が聡明な子どもの自由気ままな空想の産物だということです。

画面を想像上の線で左右半分に分けることで，もう一つ重要なことが明らかになります。右側（男性）には剣という男性シンボルがあり，今まさに船（女性）を突き刺そうとしています。右側には酒を飲む水兵もいます。左側（女性）にはもう一つの女性シンボル，すなわち金を満載した箱があります。この男の子が抱いている性役割が，無意識のうちに絵に表われています。

力（太陽）は右側から差し込んでいます。魔術的な力，アルコール症，攻撃性もまた右側です。心安まる宝箱は左側に位置します。

この子は鏡文字を書きません。すなわち彼は"gold"を記号として逆に書いたのです。

2章
形式上・様式上の特徴

描線の性質

　目に明らかな絵の内容やその象徴性だけでなく，描線や空間の利用の仕方・バランス・統合・手法から，描き手の気持ちがわかります。
　筆圧が弱く震えがちで切れ切れの線で描かれた人物像は，安心感のない抑うつ的な子どもに見られます。その反対に，連続線で自由闊達に描かれた人物像は，自信や安心感を表わすものです。前者はためらいがちにどんなふうに描き進めようか思案しているようですが，後者では，すでに目でちゃんと確認したことを手が知性に従うがごとく描いています*。

空間における位置

　幼児はまだ「正しい」位置の法則を学んでいないので，人物を逆さまに描いたり左右逆に描いたりします。4歳児の何人かと5歳児が一人，足から描き始めて上方へ頭部へと描き進めたり，宇宙に無重力状態で浮かんでいるように描くのを見たことがあります。こうした少数派は，人なつっこくて機知に富んでいるようです。情緒的，発達的な障害を示唆するような行動も見られません。
　子どもでも人物を逆さまに描くことなどめったにありません。非常に幼い子

　＊　重篤な障害のある子どもが，紙に鉛筆をつけたまま，途切れることのない連続線で絵を描くのを見たことがあります。芸術的な能力と情緒障害は共存することが知られています。

図5
12歳のケネスの絵。しっかりした大胆な筆づかい。四角い顎をした男っぽい男性です。

図6
11歳のサンドロ（男児）の絵。知的ですがおずおずして動きのない人物。小さなあご。ストップサイン。時間をかけて念入りに描かれています。弱い筆圧。わずかにのぞく手が内気そうです。不安定な足。

2章　形式上・様式上の特徴

図7
足から上方へ，足，腹部，胸部，頭部，毛髪，目，鼻，口の順に描きました。暦年齢と発達年齢はともに60カ月です。トレーシーは通常の順序を逆にして，足から上方へと描いたのです。しかも自分の名前を右から左へ書きました。さしあたってなんら問題なく幼稚園に通っています。絵も字も右手を使いました。

どもが逆さまに描くとしたら，私たちのもっている多くの法則がいかに自由裁量にまかせられているのかを物語るものです。それは，子どもの独創性を表わしているのかもしれません。

しかし同じことが年長の子どもで見られれば，見過ごすわけにはいきません。シャガールのように意図的に描いたというのでなければ，それは環境にかかわっていくことが困難なことを示しています。包括的な診断を下す際の最重要事項になります。

陰影づけ

膨大な研究で確かめられたもう一つの指標として，もとにある人物の全体や特定のパーツがすっかりわからなくなるまで影をつけることが挙げられます。この特徴は不安の表われと解釈されています。事実，行動に不安がつきまとっているような人びとの絵に見られます。

三次元という錯覚を生み出すために芸術的な意図をもってなされる陰影づけを，ここで取り上げているものと混同しないでください。

統合

身体のパーツが画面のあちこちに散乱しているような人物像が描かれたら異常です。それが学齢期の子どもの絵だとしたら，さらに重要な所見になります。人物の絵は，当初から，完全とはいえなくても統合されたひとまとまりのものとして描かれるのが普通です。頭から手足が生えている頭足類でさえ，ひとまとまりの人を表わしています。その数少ないパーツが，子どもの特定の発達段階を本質的に示していると見なされます。

ばらばらな人物像を二人の4歳の子どもに見つけたことがあります。一人は賢い女児で，もう一人は男児です。二人とも情緒障害を示すような行動上の問題はありません（図9，図10）。しかし，5歳以上の子どもがばらばらな人物

図8
4歳5カ月の男児の絵。火事で家が全壊しました。

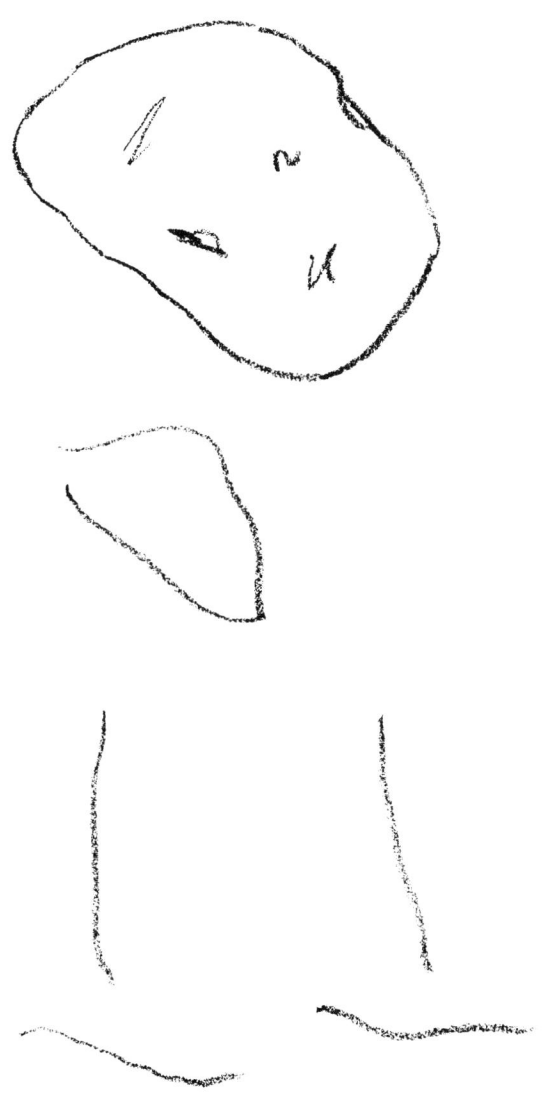

図9
身体のパーツがばらばらです。賢くて適応のよい
3歳9カ月のティーナの絵。

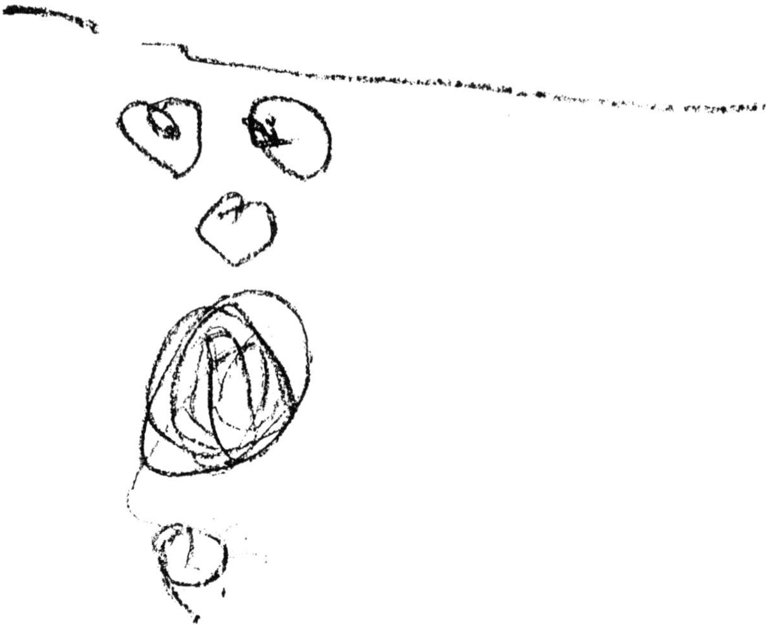

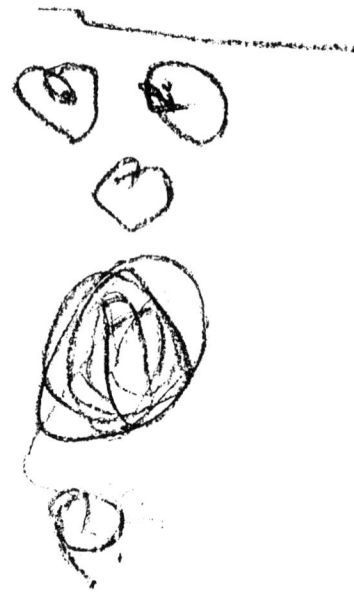

図10
4歳のジェイムズの絵。顔の作りがばらばらです。輪郭もありません。目，鼻，身体，蝶ネクタイだそうです。機転のきく人なつっこい子どもです。陽気な性格で行動上の問題もありません。

像を描けば，明らかに行動異常を表わすものです（Di Leo, 1973）。

　人物をまとまったものとして描けないのは尋常なことではないので，注目に値します。パーソナリティ障害の投影として，年齢が上がるとともにその重要性が高まります。臨床上の改善度に一致して，しだいに統合された人物が描けるようになります。

対称性とバランス

　10歳7カ月のブレンダの描いた図11を見ると，最初に女性像を画面の中央線から左に寄せて描いています。それからバランスを取るために男性像を右に寄せて描きました。ついでにいえばこの子は，個々の人物像を左右対称に（鼻を除く）描いています。ブレンダは鉛筆を紙につけたまま，注意深く考えに考えて描きました。即興で描いたのではなく，描き始める前からどういうふうに配置するか，ちゃんと心積もりをしているように見えました。

　全体的に硬直した不動性が表われています。個々の人物の性ははっきりしていますが，人物像は図式化され紋切り型です。このことは，8章「身体のパーツ」で掲載した家族の絵（図66）にいっそう明瞭に表われています。

　対称性やバランスが前景に立っているとき，それにどのような意味づけを与えればよいのでしょうか。ごく単純に言えば，子どもが自然に，あるいは大人の影響を受けて，美的効果を上げるために試みたと考えられます。対称性やバランスに心を奪われて，子どもの自由な表現が妨げられるのは残念なことです。

　硬直した紋切り型の人物像は，環境に脅かされ圧倒されているという思いを払拭するための防衛の表われとして，引きこもった青年や大人の絵にも見られます。

　Art Brut〔アート・ブルート：192頁を参照〕は対称性やバランスにこだわります。論評と図解のために，12章「絵に表われた情緒障害」を参照してください。

2章　形式上・様式上の特徴

図 11
10 歳 7 カ月のブレンダの絵。

スタイル

　スタイルとはその人や時代にぴったり合った表現法である，と定義することができます。ある作品がある作家や作曲家，アーティストのものであるとわかるのは，そのスタイルからです。一目見て，シャガールかマティスかがわかります。さまざまなスタイルをとったピカソにおいてさえ，作品を「青」「赤」「キュービスト」の時代に結びつけることができるし，年代もわかります。

　子どものアートにおいては，その子らしい表象の仕方が長く継続するので，ほかの子どもが同じテーマで絵を描いても区別できます。スタイルはある程度技術に付随して現れるので，就学前の子どもで見られることはありません。スタイルにもいろいろあって，感情を抑えたものや過度に表出したものだったり，印象主義あるいは表現主義だったり，現実的あるいは想像的だったりします。一定期間をおいて絵を描いてもらうと，子どもの好みのスタイルがよくわかります。

描画スタイルと描線の性質

　18〜24カ月ころの不安定な幼児は，絵を描くことにためらいを見せます。注意深く指先でクレヨンをつまむかと思うと，最後にはそれをつかんで紙のすみの方に弱々しいマークを二つ三つつけます。年長の不安定な子どもたちは，細く波形で切れ切れの描線で，中心からはずれたところに小さな人物像を仕上げます。

　それに引き換え，安心感のある赤ん坊は，利用できる空間いっぱいに強い筆圧で，大胆にも激しく描きなぐります。大きくなって人物像を描くようになると，不安がないのでほどよい筆圧と連続した線で，紙の中央に人物を大きく描きます。

　ごく早期のなぐり描きでさえ，子どものパーソナリティについて何かしら重要なことを伝えています。ここで述べていることは，文献に記載された何千と

いう子どもたちについて，ほかの研究者やわたしが観察してきた典型的な事柄です。それでも，臨床的に観察された上記の事柄を才能ある芸術家の描画スタイルに当てはめようとすると，手直しが必要です。ピカソはしっかりした線で人物の輪郭を描きましたが，曲がりくねった線で人物を囲むことで実体と活気を与えることができたのでした。ドーミエは短い波形の線をいっぱい描いて動きを表現しました。ここでもまた，技術は異なっても強い印象を与えることに成功しています。

　情緒障害のある子どもたちの絵を集めていくうちに，二つのスタイルがあることに気づきました。ゆったりした連続線と，素早く描かれた無数の線と。見たところ関連のない円が次々と描かれても，その絵が何かを表象しているという事実がなかったら，それはなぐり描きにすぎません。

　大人と同様，一般的な行動規範を受け入れようとしない子どもたちに芸術的な才能が見られることがあります。アート作品を制作する前のインスピレーションの期間に，作者は現実との接触を断ってしまうといわれます。後の章で，芸術的な創造性と狂気の違いについて述べる予定ですが，今のところはただ，現実から遊離することで芸術的な表現が一時的に開花することもあると申し上げておきましょう。

　ピカソのように紙から絵筆を離さず目も覚めるような線画を描き上げる芸術家は，形に熟達しているだけでなく，手の自由な動きに先立つ一つのコンセプトをもっているといえます。無数の短い波形の線を描いて効果を上げる場合は，前もって何かテーマを予想しているわけではなく，むしろ自由気ままに好き勝手に描いているのです。いずれも芸術的な表現をするうえでの正当で賞賛すべき方法です。

　絵というものは個性豊かなものです。絵は個々の描き手のパーソナリティを映し出しています。

3章
認知が関与するのは：ボートに乗った人の絵

　認知（cognition）と情緒（affect）を区別する二分法は，これから扱う複雑な過程をわかりやすく提示するための一つの方策に過ぎません。二つに分けることは，とうていありえない二面性〔二元論〕を仮定することであり，精神障害があってパーソナリティがひどく破壊されているようなときにしか想定されません。

　考えや気持ちの表現としての描画については4章で述べますが，明確に区別するつもりはありません。いずれも分かちがたい一つのものの違った側面です。容易なことではありませんが，パーツに目を向けながら全体を視野に入れる努力がなされなければなりません。

　それでも，比較的ニュートラルな刺激が与えられれば，いつもそうとは限りませんが，反応は認知に傾いたものになります。刺激がよりパーソナルなものであれば，気持ちをゆさぶるような反応が得られるのです。

　このことに留意しながらあるグループに，ニュートラルな刺激としてボートに乗った人を描いてもらいました。難破したボートが描かれることはなかったので，陰に隠れた情緒的反応を喚起するようなことはありません。もう一つのグループには，家を描いてもらいました。家はよりパーソナルな刺激であり，ニュートラルな刺激のときよりずっと情緒的要素に染め上げられた反応を呼び起こします。

以下に続く絵は，幼稚園から2年生，だいたい5歳から7歳の子どもの思考がどのように発達するかを図解したものです。「ボートに乗った人」を彼らがどんなふうに捉えているかがよくわかる絵を選びました。

　その連続体に四つの段階が同定されました。初期には，船体にすっかり包まれた人物を船体を透過して見ることができました。あるべきものが示されているのです（図12）。

　第2段階では，人物が徐々に姿を現してきます。頭部から始まって，上半身がデッキの上に現れます。それでもまだ，あるべきものを示すというルールは守られていて，船体を通してではありますが，下半身を見ることができます（図13）。

　第3段階では，理屈に合わない透過性を避けながら，それでも身体の統一性を保とうと試みます。このようなジレンマは，デッキの上に全身を描くことで解決されます（図14）。

　これまでのところはピアジェのいう前操作的思考の段階で，子どもは世界を主観的に眺めて内なるモデルを描いています。「X線技法」は子どもの自己中心性の反映にすぎません。

　第4段階になって初めて，視覚的リアリズムが知的リアリズムに取って代わります。こうなると，ボートに乗っている人物の実際に見えるパーツだけが示されるようになります（図15）。この視覚的リアリズムはちょうどピアジェの具体的操作の段階に当たり，通常は7,8歳の子どもが達成します。

　図12，図13，図14，図15aおよび図15は，現代のアメリカの子どもたちが描いた絵です。1887年ボローニャで，実際の子どもの絵が初めて本になりました。著者は専門の心理学者でも教育家でも小児科医でもなく，子どもの絵に魅了され，直観や感受性に優れた美術評論家でした。この本には，「ボートに乗った人」というテーマのもとに子どもたちがどのように描くかが段階的に示されています。同じ四つの段階が今日の子どもたちの描く絵にも見いだされます（Di Leo, 1970）。

　1世紀と4千マイルも離れたコラード・リッチ（Corrado Ricci）の子ども

図 12
5 歳 5 カ月の男児の絵。第 1 段階：船体のなかの人物。

図13
5歳7カ月の男児の絵。第2段階：人物が姿を
現わし始めています。

図14
6歳2カ月,小学1年生の男児の絵。第3段階：デッキの上に全身が見えます。

3章　認知が関与するのは：ボートに乗った人の絵

図 15 a
6 歳 6 カ月，小学 1 年生の男児の絵。第 3-4 段階の推移：ボートに乗っている人物の，実際に見えるパーツだけが示されています。とはいえ，あごひげを通して顔の輪郭が見えるので，顔については同じ論理が適用されていません。

図 15
7歳7カ月，小学2年生の男児の絵。第4段階：この絵には視覚的リアリズムが明らかです。人物のどのパーツも船体を通して見ることはできません。同様に，腕に隠れた胴体の部分を見ることもできません。透過性は失われています。オールが一部しか見えないのも正確です。

たちが，ボートに乗った人をいかに描くかという問題を解決するのに，今と同じ精神プロセスをたどっていたことがわかりました。

認知の発達と描画

　表象的な描画は，3, 4歳頃にたまたま単なるなぐり描きだったものを意図して描くようになり，眼前の世界の何かを象徴するときから始まります。この何かは人の頭部を表わしているのかもしれません。やがて小さな丸が二つ描き込まれ目になり，そして口が仕上げられます。大きな頭部から線が生えてくるのもまもなくです。そうして，おたまじゃくしの形をした，人としての基本構造ができ上がるのです。人の形をしたこの最初の表象は，現在も過去も，子どもの絵を研究すればわかることですが，至るところで見いだされます。

　当然といえば当然のことですが，子どもにとって人ほど重要なものはありません。いつだって人物は子どものお気に入りの対象です。それは多くの研究者が調べたうえでのことです（Di Leo, 1970；Goodenough, 1926；Harris, 1963；Luquet, 1913；Maitland, 1895；Ricci, 1887）。

　就学前になると子どもの自由画にはほかの重要な事項，とりわけ家，木，太陽，そのほか自然の諸相が念入りに描かれるようになります。描画行動の出現する時期に早い遅いがあっても，その順序が一定なのは，認知発達が順序立てて進行することを示すものです。なかでも人物像は，認知の成熟の価値ある目安と見なされ，グッドイナフ＝ハリス・テストでの測定基準となっています。

　量的かつ質的な変化が，「知的リアリズム」から「視覚的リアリズム」へ移行する7, 8歳頃に現れます。ピアジェのいう前操作期から具体的操作期への移行に合致する変化です。実際これらの用語が表わしているのは，自己中心的に考えることから世界をますます客観的に捉えることへの変容です。

　家や木の絵からも認知発達の進み具合がわかりますが，人物画ほどには標準化することが困難です。知的成熟度を見るには限界があります。しかし視点をもっと広げれば，木の絵が物語っているのは自己中心性から客観性への道筋で

描画の発達とピアジェの認知発達との関連（一覧表）

おおよその年齢	描　　　画	認　　　知
0-1歳	視覚的な刺激に対して反射的に反応する。クレヨンを口にもっていくが，絵を描かない。	感覚運動期 赤ん坊は反射的に行動する。運動を通して考える。
1-2歳	生後13カ月ころ，最初のなぐり描き，すなわちジグザグが見られる。赤ん坊は紙にマークをつける手の運動に見入る。運動性の描画。	大脳皮質のコントロールが徐々に確立するにつれ，動きはしだいに合目的的となる。
2-4歳	円が出現し，しだいに優勢となる。やがて円が減少する。なにげなく描いた円のなかに，ある対象を認識する。普通3-4歳ころに，最初の図式的なシンボルが作られる。	子どもは象徴的に機能し始める。言語とほかの象徴的なコミュニケーションの様式が大きな役割を演じる。子どもの見方はきわめて自己中心的である。ふり遊び。
4-7歳	知的リアリズム 実際に見えているものではなく内なるモデルを描く。そこにあると思われるものを描く。壁や船体を透過して人が見える。透過性，表現主義，主観的。	前操作期（直観的な段階） 自己中心的。世界を主観的にながめる。生き生きとした想像。空想。好奇心。創造性。一度に一つの性質にしか目を向けない。論理的にではなく，直観的に機能する。
7-12歳	視覚的リアリズム 主観性が減少。実際に見えているものを描く。もはやX線技法は失われている（透過性）。人物画はより現実的で釣り合いのとれたものになる。色づかいも月並みなものとなり，描かれた人物の左右を区別する。	具体的操作期 物事について論理的に考える。知覚するものに即支配されることはない。可逆性の概念。同じ物は見かけが変化しても同じであることがわかる。
12歳以上	批判力の発達とともに，絵を描くことに興味を失うことが多い。才能のある者だけが続ける。	形式的操作期 作品を批判的にながめる。仮説を構築する。その場の具体的な側面だけでなく，考えを巡らせることができる。

あることがわかります。

　早期（前操作期）であれば，透過性があってよいのです。たとえば，壁を通して人を見たり，一つの家の三つの壁を同時に見たり，遠近法を無視したり，同じ絵のなかに鳥瞰図と正面向きの絵が共存したりするのです。こうした「間違い」のすべてが，視覚的リアリズムの訪れとともに消失します。こうして子どもは心の目ではなく，外部から見えるように描こうとします。遠くにあるものが小さく描かれ，屋根の傾きに垂直になるように斜め向きに描かれていた煙突も真っ直ぐになります。X線技法は非論理的だとして捨て去られ，もはや壁を通して人を見ることもなくなります。

　要するに家の絵だって同じことです。それでも，知的成熟度を表わしてはいますが，人物画ほど細かく分析することはできません。グッドイナフ=ハリスの人物画テストは，描画行為のなかでも知的成熟度をみるためのもっとも信頼性の高い指標になります。

　比較的ニュートラルな刺激に対しては認知によって反応することが多いのですが，だからといって情緒的な要因を除外して考えることはできません。大人はともかく子どもでしたら，自分の描いた絵のなかに無意識に表現されたシンボルが染み込んでいるなどとは思わないのです。したがって作為的に抽出してしまうと，いろいろ面白い側面があり，現実には一つであるものを分割してしまうことになります[1]。ことばで説明しても字に書いても，全体を同時に説明することはできません。一度に全部を披露してくれるのは視覚アートだけです。

出生を象徴する船のテーマ

　知的な成熟とともに子どもの描くボートのなかの人が変化し，より現実的なものになります。それは，これまでの症例や討議によって明らかにされてきた

---

1) シンボルを抽出して云々することは，一部分を取り出すことにすぎない。

テーマです。

　ここでわたしは，別の側面から見たテーマについてお話しようと思います。子どもはボートのなかの人という明らかにニュートラルなテーマのなかに無意識の内容をも表現するのでしょうか。表面的な内容は別にして，描画の順序は出生のプロセスを象徴的に表象しているようです。船は女性の子宮を象徴的に表象しています。水は子宮内生活や出生に関係したものです。

　これまでの絵を見ると，最初は人が船のなかにすっぽり入っています。やがて順序を踏んで姿を現します。初めに頭部と上半身，それから下半身，最後に全身がデッキの上に現れます。この順序に意味があるのは，それが前操作期に起こるからです。文化や知性によって論理的で現実的な体裁をとるようになるまでの子どもは，きわめて個性的です。

　ベンダー（Bender, 1981）によると，根の深い問題を抱えた子どもたちは，ボートを母親のシンボルとして描き，母親の身体（船体）のなかに安心感や満足を求めます。こうした絵に見られる太陽は父親を象徴するものです。

4章
ほとんどが情緒的な子どもの家の絵

家の絵に表現された情緒

「子どもの絵は子どもの魂です」。エドュアール・クラパレド[1]

　優れた教育心理学者のこの金言は，とりわけ子どもが絵の主題や流儀をまかされたときに適用されます。ほかから指図を受けずに，そして完全に個人的な喜びや必要性から描かれた絵から，どのような意味を引き出すことができるのでしょうか。

　絵を描くとき子どもは，願望，おそらくそれは何かがほしいとか，実際にもっていなければ少なくともそのイメージを投影します。初期の人類は動物を描きました。恋する人は恋人に似せたものを大切にします。レヴィ＝ストロース (Claude Levi-Strauss)[2] は，芸術はあるものとコミュニケートするためだけでなく，イメージという媒体を通してそれを所有しているという錯覚を与える

---

1) エドュアール・クラパレド (Edouard Claparéde, 1873-1940)：スイスの心理学者，教育者。ジュネーブ大学教授としてルソー研究所を設立した。機能主義の主唱者で，問題解決や睡眠の研究の先駆者となった。
2) クロード・レヴィ＝ストロース (Claude Lévi-Strauss, 1908-)：コレージュ・ド・フランスの社会人類学教授。現代人類学に大きな影響力をもち，親族関係，儀礼，神話といったさまざまな集団現象の分析のための新たな方法論を確立した。

ものである，と述べています（Charbonnier, 1969）。このような視点は，スラム地区の子どもたちが，実際彼らが住みついて日々目にしているビルより，田舎風の家を描くことが多いという事実を説明するものです。同様にこのことは，一時的であれかしと願う施設に住んでいて自分自身の家をもっていない子どもたちが，恋焦がれている家を描くことからもわかります。家庭生活のみが提供しうる温かさと情緒に恵まれなかったのですから。

　自分自身の楽しみのために，子どもたちは人びとや家，木，草，太陽を描きます。こうしたテーマがすべての国や文化の子どもたちの作品に見いだされるので，精神や感覚が基本的には普遍的なものであることがわかります。幼い子どもは現実を無視し，空想に満ちた主観的な世界に投影する傾向があります。ですから，絵というものも再現ではなく表象なのです。

　『春の雪』のなかで三島由紀夫は，想像なくしてわれわれを取り巻く現実を見る手立てはないと述べています。

自由画のなかでしばしば描かれる家

　パーソナリティを査定する際には，投影法として一般に，バックによるHTP法（House-Tree-Person Test : Buck, 1948）が用いられます。被験者はただその名称の順番に絵を描くよう求められます。人の絵はほかの二つに比べて意識的な連想を喚起しやすいので，最後においておきます。この三つが選ばれた理由は，それらが担う象徴的な意味に基づくものです。家は被験者の環境，木は発育，人はパーソナリティの統合を表象していると解釈されます。投影法の妥当性はさておき，この三つが子どもの絵によくあるありきたりのトピックスであることに注目すべきです（図16）。

　子どもたちは，人，家，木が自分たちの生活に大きな影響力をもっていることを知っています。それらを描きながら，実際描かれたものより自分自身についてより多くを語っているということに，子どもたちは気づいていません。

　ローマの幼稚園に通う5歳のマウリッツィオの描いた図17には，煙（温か

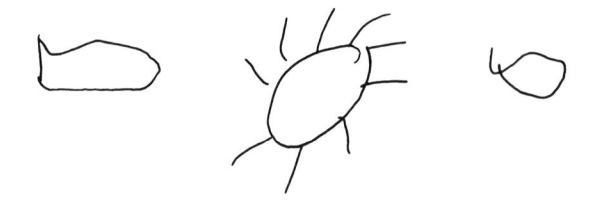

図16
7歳4カ月のチェリルは自由画のなかで，家，木，人を描きました。子どもの絵には大きな幹がよく見られます。

図17
5歳のマウリッツィオの絵。

4章 ほとんどが情緒的な子どもの家の絵 41

図 18
10 歳のロベルタの絵。

さの表現であり，家のなかが情緒的であることを表わします）がもくもく出ている煙突のある家，幅広な幹の木（子どもには典型的な感情生活優位），風船をもった子どもが描かれ，楽しい情景です。人は重要事項なので，家や木に比べ相対的に，といっても子どもですが，大きく描かれています。

10歳で小学4年生のロベルタが描いた図18も自由画です。縄跳びをしている少女（彼女自身）が描かれています。かろうじて一筋の煙が煙突からたなびき，木の幹には大きな傷あと（外傷的な出来事を象徴しています）があります。深刻な家庭崩壊のため，彼女は里子に出されています。

これらの絵は膨大な資料の一部です。資料には，子どもの知的及び感情的生活における人，家，木が担う卓越した持ち場が図解されています。

前青年期の子どもは自由画のなかに家を描かなくなる

人物に次いで家，動物，自然の様相が，学童期の絵に顕著に登場します。

主題がどう選ばれるかによって，その子どもの興味やニーズがわかります。家が象徴しているのは，家庭生活によって達成しうる情緒や安心感，基本的ニーズが追求される，その場所です。家族の一員として動物が追加されることもよくあります。木，花，太陽は，光や自然さらには家庭という領域を越えた世界へのニーズが高まりつつあることを示しています。都会の子どもたちが描く家の絵を研究してわかったことは，大部分の子どもたちが，実際彼らが住んでいるミツバチの巣のようなアパートではなく，田舎でよく見かけるような家，傾斜した屋根に煙突がついているような家を描くことでした。

モリーノ-アベッレ（Morino Abbele, 1970）は，フィレンツェの1年生から5年生の子どもたちの絵を調査し，興味深い傾向を見いだしました。6歳から7歳の子どもたちが描く自由画の60％に，家が描かれていました。自然はといえばまばらです。しかし驚くべきことに，成熟するにつれ家を描くことが少なくなってきます。そうして，10,11歳までには，木，花，太陽さらにはよくあるイタリア風の海からなるより広い構成のなかで，家は単なる一つのアイテ

ムでしかなくなるのです。こうしたゆるやかな移行は，興味の輪が広がり家庭や家族を越えた関係性へのニーズがわき起こるにつれ，幼年期の強い家庭的きずなからしだいに解放されるためであると解釈されます。

子どもの家の絵からわかる認知

　前概念的思考と論理的思考，主観と客観，自己中心性と利他主義，さらに暦年齢でいえば7歳未満と7歳以上との間にある大きな相違を図式的に見るなら，前者は表象しようとし後者は再現しようと試みることからわかります。

　およそ7歳未満の子どもでしたら，たとえ実際に見えていてもどんなふうに見えるかを無視して，自分が理解しているように描きます。こうした内的現実は，しだいに空想のかけらもない，退屈な外的現実に道を譲るようになります。主観から客観への道筋は急激なものではなく，7歳をはるか越えても，二つの「見方」が共存します。

　一般に子どもたちは，煙突を屋根の面に正しい角度で立っているように描きます。傾斜した屋根でしたら，煙突は斜めに向きます。屋根の傾きにかかわらず煙突を垂直に描くようになるまで，いくらか時間が必要です。正しく描けるようになるのは思考レベルが進歩しているからです。すなわち，45度の角度の煙突を描く子どもには利用することのできない知的な操作によるものです。

　以上，絵の認知面について感情を交えず考察してきましたが，一方，アルフレッドの次の絵（図23）が全体として与える印象はメランコリーです。それがこの絵の知的な特質を曇らせています。この男の子は遠くのビルを前景にある自動車よりも小さく描いて，遠近法への気づき，すなわち知覚発達のうえでの大きな一歩を踏み出したことを示しています。

　興味深いことに，より遠くにある物体をより高い位置に置くのは，13〜18世紀の中国のアーティストが用いた技法と同じです。線形の遠近法は初期ルネッサンスの西欧社会で見られました。

　この絵に見られる三つの十字架の立つ共同墓地は，衝撃的です。家庭崩壊

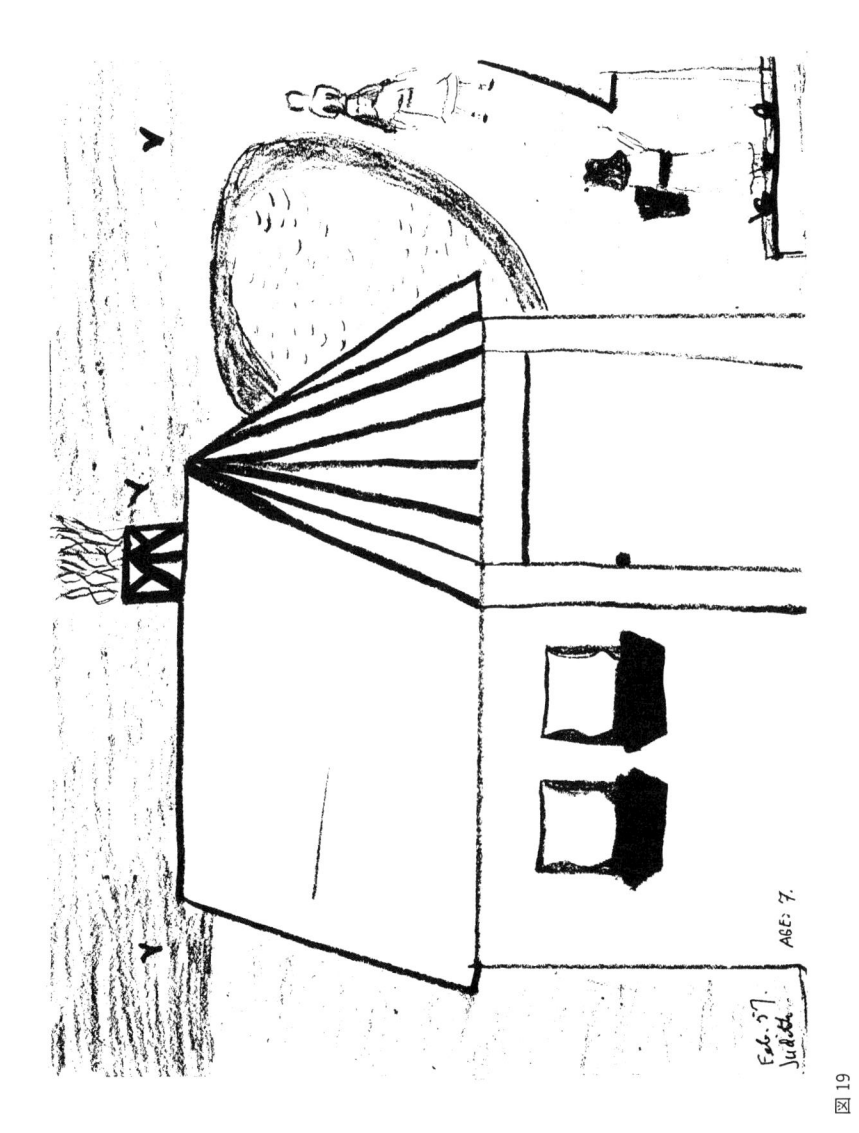

図19
7歳のジュディスの絵。家は正面向きですが、プールと道は鳥瞰図になっています。実際に見えるようには描かれていません。

4章　ほとんどが情緒的な子どもの家の絵　45

図 20
8歳のジュリーの絵。煙突とアンテナが屋根の傾斜に垂直になっています。8歳あるいはそれ以上の子どもでもたいていは煙突をこんなふうに描きます。

図 21
11歳のクリスは直立した煙突を描いて，重要な認知上のハードルを越えたことを示しています。

図 22
11 歳のアルフレッドは，家を正面向きに，道と芝生は鳥瞰図として描きました。実際に見えているように描いたのではないことがわかるでしょう。

図23　11歳5カ月のアルフレッドの絵。

し，両親は離婚，彼は代理父母に引き取られるのを待っていました。三つの十字架は，彼の家庭を構成する 3 人を象徴しているに違いありません。死んだがごとく失われています。

安息所としての家

　図 24 は 12 歳男児の絵です。両親は離婚し，子どもを置いて失踪してしまったので，彼は居住型療養センターに住んでいます。一人の保母が週末に彼を自分の家庭に連れて帰りました。帰っている間，彼特有の敵意は平和と安らぎに変わりました。ゆっくりと注意深く，彼は彼女の家庭の断面図を描きました。

　思うに彼は，印象づけられたことと憧れていることを描いたのです。居間にある電球は温かさを象徴しています。寝室にはテレビとランプがあり，小食堂には 4 人分がセットされ，浴室は片づいています。

　図 25 は 9 歳女児の絵です。寝室に家族 4 人がそろっているので，賑わいのあるアパートです。テレビと並んで，おもちゃ，絵，花々が目に入り，とりわけ楽しそうな雰囲気です。ベッドとストーブ以外に家具はありません。あるゆるものが遊びと休息のために存在し，食べ物があるので笑顔が絶えません。

　図 26 はショーンの絵。彼は自分の家に顔を描きました。単なる無生物ではなくなりました。

　図 27 には，家の内部を描いた絵によく見られるテレビセットがあります。

　家を描くように言われると子どもは決まって外観を描きます。内部の様子を知りたければ，特にそう要請しなければなりません。

　もし家というものを，温かさ，保護，安心感そして愛情をも包含した家庭であると受け止めているなら，子どもたちは自分のまわりの重要人物をそこに描いて生命を与えます。

図24
12歳のフランシスの絵。

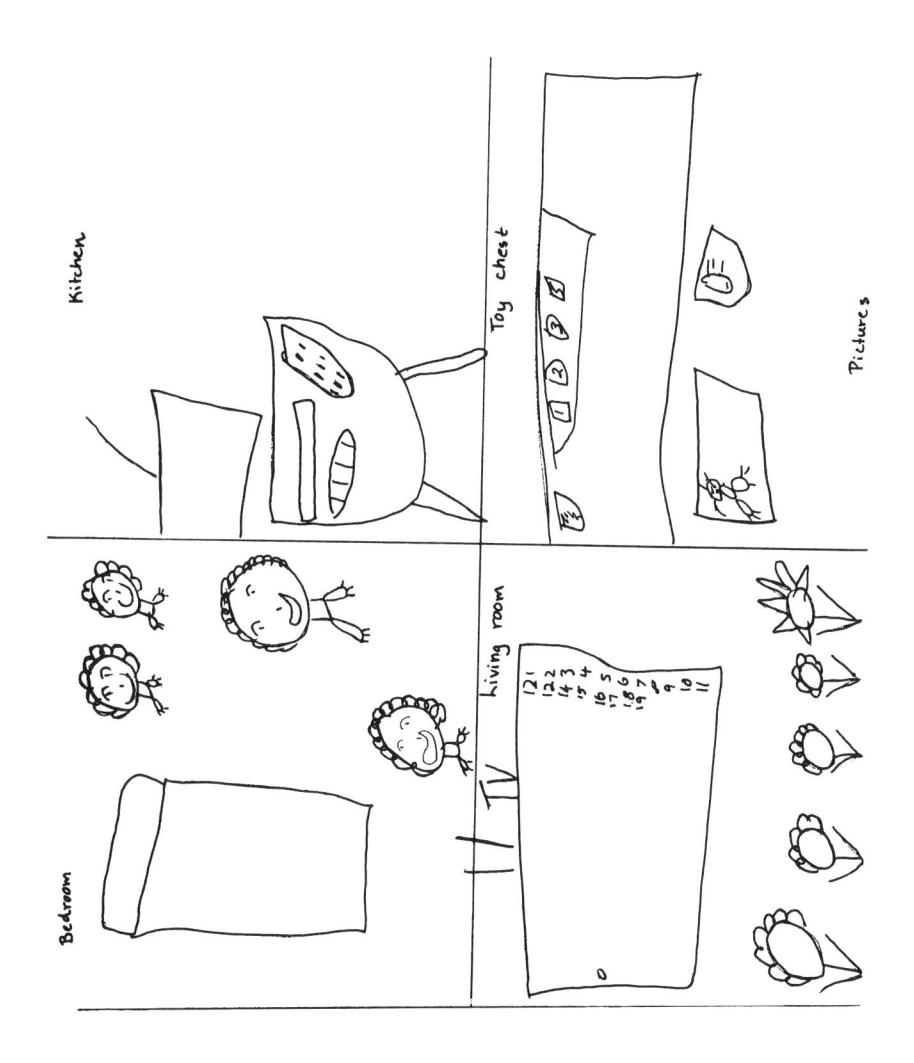

図 25
9歳のクララの絵。

4章 ほとんどが情緒的な子どもの家の絵

図26
10歳のシェーンが描いた擬人化された家。

52

図27
10歳のジョゼフによって、テレビ室のテレビとほかの標準的な家具類が描かれています。

4章　ほとんどが情緒的な子どもの家の絵　53

女性シンボルとしての家

S.フロイト（1949）は夢の象徴性を論じて，家を女性シンボルと考え，部屋は子宮の，一方ドアは膣口の表現であると見なしました。子どもたちの絵を解釈していると，こうしたアプローチに価値があるようには思えません。なぜなら，何か容量があるとか，入れたり出したりすることができるものはほとんど，伝えるところによると，同様な象徴的意味合いをもっているからです（ボート，自動車，かめ，瓶，ポケットなど）。

混乱するほどあちこちに性シンボルが偏在していますが，子宮と安息所の関連を否定することはできません。子どもは意識して家を描いていますが，無意識の気持ちが表面に浮上してくるのです。

建築家への影響

子どもたちが願望やニーズを無意識のうちに表現しているとしたら，それはもっともなことですが，絵からどのような推論が導き出されるでしょうか。

家族向けの住宅を設計する際には，木や花に囲まれ，にこにこした太陽に照らされた小さな田舎風の家が明らかに好まれるということを計算に入れておかねばなりません。子どもたちの光や大気，安全性へのニーズをかなえるのは，実際に住んでいる都会のミツバチの巣のような高層住宅ではなく，2階建ての庭や芝生つきの共同住宅です。高層住宅では自然と触れ合う機会がなくなり，エレベーターや階段で見知らぬ人と接触する危険にさらされます。そして，安全性に必要な窓というガードを通して空を見なければなりません。

建築家が障害者のニーズに耳を傾けるように，子どもたちのニーズに真剣なまなざしを注ぐなら，こんな喜ばしいことはありません。

5章
投影としての子どものアート

子どもの絵をパーソナリティの投影とする見方

　絵のなかでも人物画は，子どもの知的成熟度を表わします。子どもの絵を点数化することが，グッドイナフ（Goodenough, 1926）およびハリス（Harris, 1963, 1970）によって念入りに開発され標準化されました。その結果，スタンフォード・ビネーやWISCとの強い相関が見いだされています（相関についてはハリス〈1963〉にまとめられています）。主として絵の細部にもとづき，ときには基本的な構造を見て，量的かつ解析的に点数化が行なわれます。

　このテストは長年に渡り広く使用されてきました。その結果，誰にでも適用できて，幼児や前青年期の子どもたちの認知能力を測定するための信頼性と妥当性を備えた方法であるという，グッドイナフとハリスの初期の意図がゆるぎないものなりました。

　子どもの絵がパーソナリティの感情面を無意識に投影していると見なすなら，同じように受け入れられることはなかったでしょう。投影法として使用すると，テストとしての基準を満たすことができません。解析的なアプローチをしても，相関がほとんどないということしかわかりませんでした。その結果，もっと科学的な立場に立つ研究者によって疑念をもたれ，ほかの投影法同様，死滅する運命にありました。絵を解釈する側の主観的要素によって，実際にはコントロールできないような変数が紛れ込んでくるのです（Di Leo, 1973）。

　経験的な裏付けがなくても臨床家は，ラポールをとる手段として，またパー

ソナリティの特性や感受性の表われとして、絵を評価し続けてきました（Winnicott, 1971）。おびただしい数の文献をひもとくと、考えや気持ちの表われとしての子どものアートに興味が注がれていることがわかります。現在使われているような測定方法では、気持ちを査定し解釈することはできても、測定することはできないのです。

　わたしが確信しているのは、個々の絵が描き手のパーソナリティを反映し、認知と同様パーソナリティの情緒面を表現し、幼児においては描かれる対象についてより描き手そのものについて語り、治療者は解析的であると同時に直観的にアプローチしなければならないということです。

　絵は何かを物語っているので、絵全体として見たほうが、描き手が伝えるものが明らかになってくると信じます。絵を解析的であると同時に全体として捉えようというマコーバー（Machover, 1949）やその他の研究者たちの警告にもかかわらず、不幸なことに、これまでは元型や精神分析的重要性をもったシンボルを探すことに焦点が置かれてきました。このことによって、一つひとつ機械的につき合わせるという方法をとることが多くなったのです（6章を参照）。

　投影法は、心理検査としての信頼性や妥当性の基準を満たすことができません。それでも、経験ある臨床家の手になると貴重な道具となりうるのです。使い方に慣れてくると、標準化されたテストでは埋め合わせることのできない手がかりを求めるように、それなくしては仕事が成り立たなくなってきます。

子どものアートにおける感情表出

　偉大なアーティストや彫刻家は、さまざまな仕方で、たとえば顔の表情だけでなく色使いや身体の姿勢、情景によって、見るものの感情をつき動かしてきました。人間性に深い洞察をもった巨匠たちは、並々ならぬ観察力や感受性によって、さらにはそうした才能を目にみえる形で表現する技能によって、人生や感覚と交流します。ティチアーノ、ベラスケス、レンブラント、ベルニー

図28

図 29

ニ，ゴッホらは，人生よりはるかに偉大で驚愕に値する作品を生み出しました。そのような巨匠たちは，才能に恵まれた多くの子どもたちの能力をはるかに越えています。

線画や彩色画に吹き込まれた気持ちや姿勢の無意識の表現だけでなく，子どもたちは意図的に表現するかもしれません。しかしそれは，顔の表情に限られています。

わたしの経験からいうと，幼児はあまりにも未熟なので，絵に如実に表われた気持ち以外何も表現することができません。せいぜい喜びや悲しみ，敵意，恐怖の気持ちを直接的に表わすだけです。わたしの収集した絵の多くに見られる特徴は，マンガの一こまから影響を受けたもののように思われます。もっと微妙な心理状態が意識的に表わされるのは，青年期になってからです。

これからお見せする絵は，子どもたちが自分の性格を表現しようと試みたもののいくつかです。図28，図29は，11歳になるジェームズが正反対の気分を表現しようとして描いた男性像です。彼は口と目の方向を変えることによって成し遂げました。こうしたことは，ジェームズの緊張が高く，夜尿があり，爪をかんで，情緒的に不安定であるという理由で専門家のもとへ連れてこられたという事実といくらか関係しています。

ミニマリズム[1]と紋切り型

ボディイメージをミニマリズムや紋切り型で投影するのは，安心感のない抑うつ的な子どもや退行した精神病の大人に見られます。

子どもの貧弱なボディイメージが，7歳女児の描いた図31に表われています。この子は家庭を捨てた父親のことで頭がいっぱいです。父親を最初に描きました。知的には良好で，2年生に進級しました。

図32は6歳男児の描いたものです。この子は家庭で虐待を受け，施設に連

---
1) 最小限のことしか描かない手法のこと。

図30
10歳2カ月のアニタの絵。野球選手が二人います。「一人はボールを打ちそこなったので頭にきています。もう一人はホームランを放ってうきうきしています。

図31
7歳のクララの描いた家族。同居していないのに，最初に描いたのは父親でした。母親は終わりのほうで描きました。それから，長兄を最後にしかも自分より小さく描きました。

5章　投影としての子どものアート

図32
崩壊家庭の6歳男児の描いた貧弱な人物。家族を描かないで三人の男の子を描きました。まわりを虹が取り囲み、太陽は輝いています。逆境にもかかわらず楽観的です。友達を大切にすることで安心感を得ています。

図33
崩壊家庭の7歳6カ月のロールは、家族画のなかで、自分を両親からは遠く犬の近くに描きました。

5章　投影としての子どものアート　63

れてこられました。

　図32, 図33の人物は紋切り型で貧弱です。わたしが研究した膨大な資料のなかにも同様な人物の描き方が見られました。それは，家庭崩壊して代理父母に預けられたり，修復された自分の家庭に戻るまでの一時期，集団施設に移された子どもたちの作品です。

　アリエティの『創造性——魔法の統合』(Arieti, 1976) は，退行した大人のミニマリズムによって処理された人物画について説明・図解しています。

信頼感や自尊心として機能する個人空間

　生後7ないし9カ月の子どもに出現する個人空間は，子どもとなじみのない大人との間の緩衝剤です。8カ月の赤ん坊は，見知らぬ人が近づいてくると両親にしがみつきます。ピアジェは空間というものを，認知発達と平行するものと見なしました。すなわち，距離，深さ，遠近の概念の成熟に沿ったものであると捉えました。

　空間同士の関連を子どもが認識するにつれ，空間には社会的な意味が盛り込まれます。そこでは子どもが空間を，自分を守る装置として役立たせようとしているように見えます。子どもの（空間的な）広がりは，他者の存在によって経験するような信頼感や陽性感情の程度に逆比例します。両親への近さと見知らぬ人からの遠さは対照的です。研究の結果，仲間との間に空間を必要とするのはほんの5歳くらいだということがわかりました。それまでの子どもは，同年齢の子どもともっと自由にかかわりをもちます。

　子どもは学齢期に達すると友達とのかかわりに距離を必要としますが，それは子どもの自己像や信頼感に関連するものです。子どもの自尊心は，子どもがもともともっている力と，子どもの世界を構成している重要な人物の言動との間の相互作用によって，決定的な影響をこうむります。自尊心は人物画のなかに表われます。安心感のない子どもは，安定した子どもによく見られる大きくて大胆に描かれた人物とは対照的に，小さな人物を描きます (Di Leo, 1970,

1973)。

　ストラットン，テキッペ，フリック（Stratton, Tekippe & Flick, 1973）による，大学生の男女を対象とした研究では，テネシー自己概念テストで高スコアのものは低スコアのものより他者への接近の度合いが大きいことがわかりました。ゾンマー（Sommer, 1969），ホロヴィッツ，ルイス，ルカ（Horowitz, Lewis & Luca, 1973）は，分裂病者が他者から離れて座ることを見いだしましたが，これは予想通りの結果でした。

個人空間と人物画の相関

　ボニノ，フォンジ，サグリオーネ（Bonino, Fonzi & Saglione, 1978）は，同年齢のなじみのない子どもと座るように言われたとき，個々の子どもが距離をどう取るかによって，個人空間の変化を測定する方法を考案しました。対象は 11 歳の男児。二人が十分な距離を取って座れるだけの長さのベンチが用意されました。距離が測定できるようにベンチの背に目盛りが打たれました。200 人のなかから，接近の目立った 15 人と，「安全な」距離を取るのが目立った 15 人，計 30 人を抽出しました。
　それから 30 人の子どもたちに人物を描かせました。双方の結果を比較したところ，興味深く重要な相関が得られました。人物の大きさは，二つのグループがとった緩衝距離に逆相関しました。見知らぬ人の近くに座った男児は，ずっと離れて座った男児に比べて，より大きな人物を描きました。
　必要とする緩衝空間が大きいことも人物をより小さく描くことも，安心感のなさと自信のなさを示すものであると解釈されました。

認知-情緒の割合──シーソー効果

　「人を一人描いてください」と言われて描く人物と，「家族を描いてください」と言われて描く人物を比較すると，家族メンバーの一人として描かれるよ

り単独で描かれるときの方が質的にも量的にも上まわっていることに気づきます。

　こうした差異が生じるのは，認知-情緒の割合にシーソー効果があるからだと思われます。一人だけ描きなさいと言われたときの作品の方が優れているのは，そのような教示が主として知的な反応を賦活するからです。子どもは自分が知っていて思い出すことのできるものを描きます。他方，家族を描きなさいという教示だと，情緒的な要素が染み込んだ反応を引き起こしがちです。知識としてもっていることよりも，ほかの家族メンバーを前にして感じるようなことに注意が向きます。

　このことを認知-情緒の割合（Di Leo, 1973）と名づけ，人物画によって知的成熟度をみるには，家族画のなかの一人ではなく，グッドイナフ゠ハリス・テストにもとづくべきであると勧めています。

　図34，図35は，父親を一人だけ描いたときと，家族メンバーとして描いたときの違いを表わしたものです。一人だけのときは，家族のなかでいるときには欠けていた耳，首，肩から伸びた腕が描かれ，ポケットや正しい数の指が見られます。

家族画にみる感情と対人関係

　目に見えるものだけでなく，子どもの気持ちや姿勢を象徴的に表わす描き方や絵の内容が，その特徴となります。こうした特徴は，子どもが家族メンバーを描くときに無意識のうちに表現されます。それをどう解釈するかが臨床家にとっての課題です。臨床家は，表層に現れた構造は水面下のより大きな現実を覆うに過ぎないと信じています。

　家族メンバーのなかから自分を省くことが，拒否されていると感じている子どもの絵に見られます。このような省略を，青年期の養子の描く絵のなかに数限りなく見てきました。青年期にはアイデンティティへの関心が高まり，「わたしは誰？」「わたしのほんとうの両親は誰？」などの避けがたい質問が浮上

図 34
11 歳 3 カ月の A. G. が描いた父親。

図 35
11 歳 3 カ月の A. G. が描いた家族画。

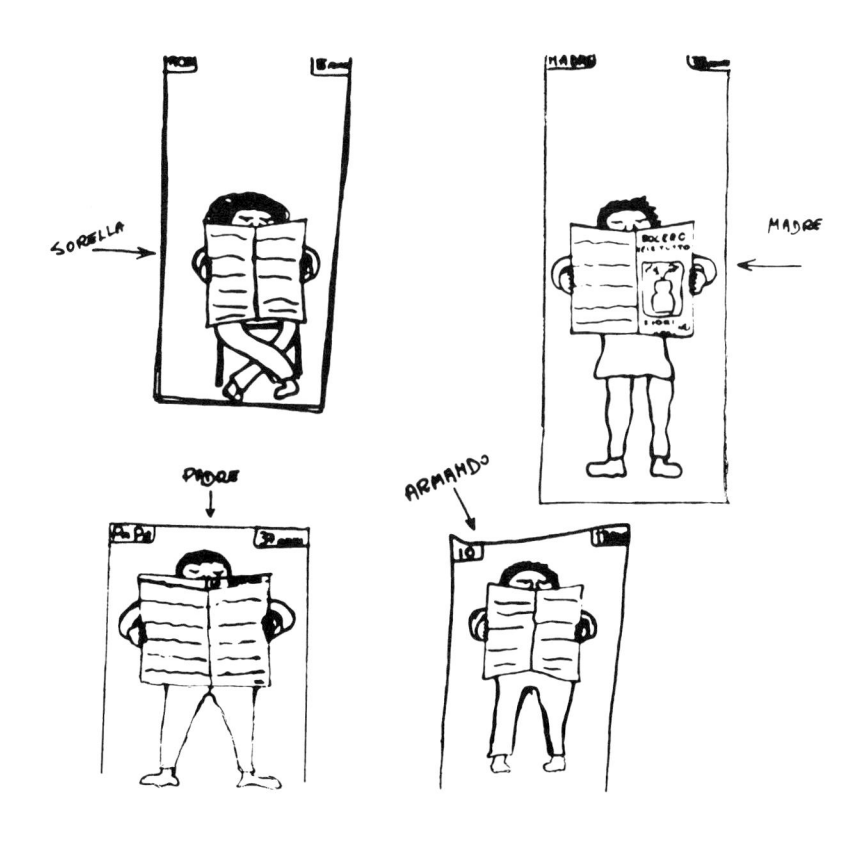

図 36
13歳のアルマンド（男子）によるカプセル化。
ライオのコンプレックスⅡ（ジャニ・ガッリーノ著，
エナウディ出版）より引用。

5章　投影としての子どものアート

図37
11歳のリサの絵。母親と娘が家事にいそしんでいます。父親は、うるさくて新聞が読めないとぶつくさ言っています。ライオのコンプレックスⅡ（ジャニ・ガッリーノ著、エナウディ出版）より引用。

してくるからです。

　区画とは，箱に入れるように個々のメンバーを枠で囲って他から分離する用語です。こうすると，コミュニケーションは欠落して，疎外感が表現されます（図36）。疎外感は心理的な空間への要望として，距離としても表わされます。たとえば家具やテレビセットを介在させて，両親と自分とを分離することもあります。

　料理したり食物を取り分けている母親は，温かさや愛情の分配者の象徴です。掃除機をかけたり家をきれいにしている母親は，象徴的に言えば，秩序に大きな関心を抱いていることを表わします。威張り散らしている両親は，実際の大きさを無視して，他より大きく描かれる傾向にあります。

　テレビを見ながら，タバコをくゆらせ，一人で食事をし，そして新聞に顔を埋めている父親は，家族の関心事や活動から身を引いていることを示唆します（図37）。主体を両親やきょうだいに近づけたり離したりするのは，好きとか嫌いなどの感情を示します。

　家族を描くことに抵抗するとしたら，家庭生活が混乱と暴力に彩られ，家庭に対する陰性イメージを強くもっている子どもです。

気持ちを表現する手段としての家族画

　家族の相互作用をみるうえで，動的家族画（K-F-D）（Burns & Kaufman, 1970, 1972）は価値ある投影法の一つです。家族を描くようにとの要請にこたえて家族を描いたら，その後に動的家族画を描いてもらいます。このことは重要です。なぜかと言うと，先に家族画を描いてもらわなければ，子どもが家族メンバーのなかに自己を入れるかどうかをみるまたとない機会を失ってしまうからです。いったん描いてもらったら，次に自己をも含めて動的家族画を描くように特別な教示を与えます。

　絵を描く場面を十分に活用しようと思ったら，以下の順番で提示します。

1) 人を一人描いてください（最初に描いた性がわかる）
2) 違う性の人を描いてください
3) あなたの家族を描いてください（自己が含まれているか？ 誰が省略されているか？）
4) あなたを含めて全員が何かをしているところを描いてください（家族メンバー同士の相互作用）

6章
全体とパーツ

　マコーバー（Machover, 1949）はその先駆的な研究のなかで，人物画を解釈する一つの方法を編み出しました。絵にはボディイメージが投影されていると仮定し，多数の指標を特定しました。精神分析の準拠枠のなかでは，絵の意味は身体の個々のパーツが強調されているか除外されているかに依拠します。ところが，内容だけでなく絵の構造や形式にも意味があるというマコーバーの警告は無視され，逐一つき合わせて解釈を与えるようなチェックリストが作られ，そうして絵の細部に注意が払われた結果，全体が見えにくくなってしまいました。多くの場合で，ある特殊な指標に与えられた重要性を実験的に実証することはできませんでした（Swenson, 1968）。

　人物画を認知発達の表われであるとしたハリス（Harris, 1963）は，その古典的な研究のなかで，投影法としての性質をはっきり認めつつも，情緒やパーソナリティを測定するには妥当性に欠けると考えています。

　それでも臨床家は，測定可能なものにしか存在を認めようとしない人びとに疑いの目を向けながら，人物画（D-A-P）や家族画（D-A-F及びK-F-D）にパーソナリティの表現としての価値を置いています。つかみどころのないものへの直観的なアプローチは，定量に抵抗します。全体的なアプローチをすれば，もともと紛れ込んでいる主観的要素を測定しようなどと思わなくなるものです。

原子論と全体論

物理学に由来する原子論[1]という用語は，人間の個々の活動を説明するために，行動科学から借用してきたものです。

全体論[2]という用語は，行動科学のみならず自然科学においても広く用いられ，統合された全体はその部分の総計より大きいという視点に立っています。この用語の語源は特殊です。というのも，心理学者でも哲学者あるいは科学者でもない，南アフリカの首相ヤン・クリスチャン・スマッツ（Jan Christian Smuts, 1870-1950）のオリジナルだからです。彼は，進化における決定的な要因は全体としての有機体にあってその構成部分にはないと見なしています。行動科学にまで応用されたこの概念は，行動やその産物を評価するうえで，全体に与えられた優位性を説明するものです。

細部

ある特殊な細部にだけ目を向けると誤ってしまいます。一般的に全体の印象がより妥当な指標になります。私の経験から言って，細部がその象徴的な意味合いをもつのは青年や成人の絵においてです。

図38において手がないのは，社会的な接触に自信がないか受動的であると見なされます。棒のような足と不安定な地歩は安心感のなさを示唆するものですし，暗い雲は近い将来脅威にされされることを象徴しているのかもしれませ

---

1) 原子論（Atomism）：原子の結合によって物理的現象を説明しようとする立場にならって，心理的現象を原子的に分析し，構成要素の抽出と結合によって，もとの心理的現象を説明しようとする立場をいう。
2) 全体論（Holism）：全体論ということばはスマッツ（Smuts）に由来するが，生物学において生命現象に対する全体性の重要性を強調する立場であり，人びとにより，とりあげる問題と強調点の相違はあるが，機械論，生気論，ならびにこれらの立場に底在する要素主義への批判から生まれたものである。

図 38
8歳のミッシェルの描いた絵。

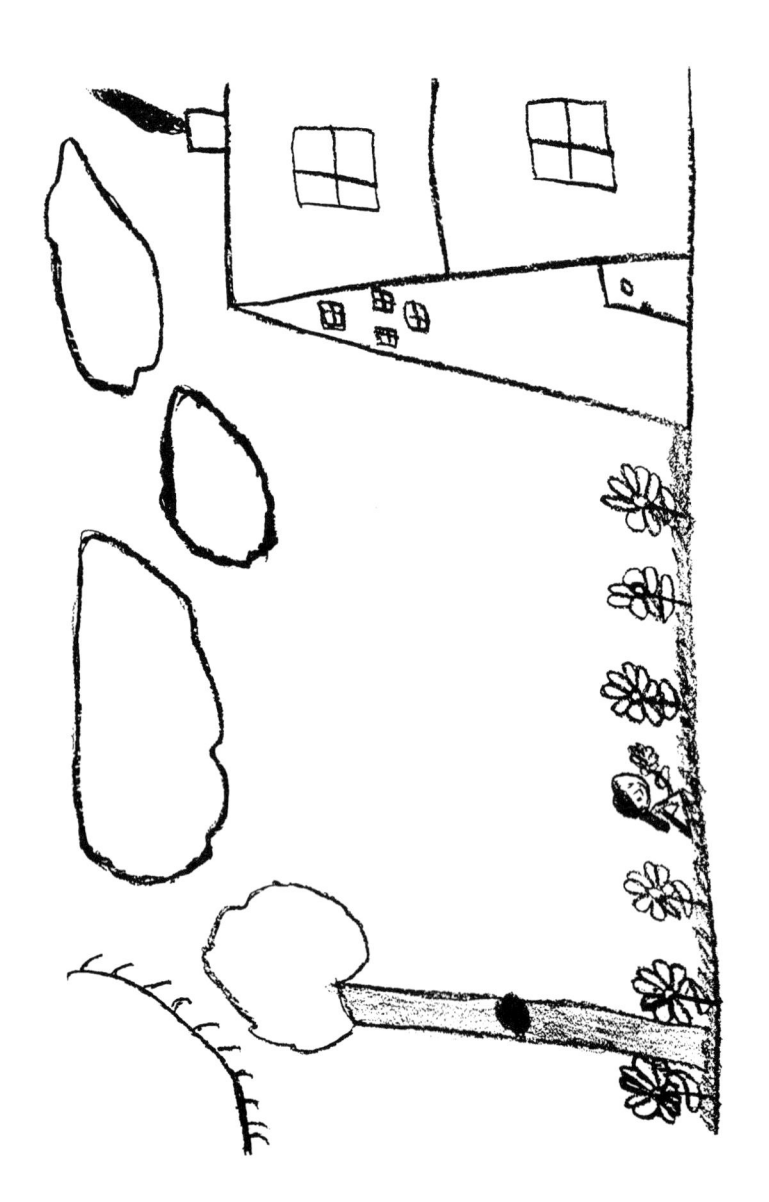

図 39
10歳のティナの絵に見られる矛盾した所見。

ん。しかしながら，このような陰性所見と対照をなしているのが，この絵を全体として眺めた際に受ける楽しそうな印象です。太陽が風船をもった幸福な女の子の上に輝いています。両脇にはチューリップが咲いています。太陽，女の子，風船に描かれた顔は幸せそうです。描き手である8歳の女の子はよく適応していて，多くの友達がいます。学期が終わったばかりで，彼女は3年生に進む予定です。家族はそろっていて，ちゃんと機能しています（たまたま，投影的に男性〈父親〉側だと見なされている領域に，太陽と風船があります）。全体としての印象は，彼女の行動と一致しています。

矛盾する指標は解釈の邪魔になり，絵の重要性をあいまいにします。解釈は先送りすべきです。家族には警告を与えることなく，経過を見ながら，機会があれば絵を描いてもらいます。

図39は，10歳のティナが自発的に描いたものです。両親はスペイン系で，彼女はスペイン語と，いくらか苦労はしますが英語をしゃべります。

全体としての印象は，家と木にはさまれた庭のなかで，小さな女の子が花を摘んでいるものです。煙突からは煙（そこには温かさがあります）が立ちのぼり，太陽が左上（母親側）から輝いています。しかし「不吉な」細部も見られます。すなわち，大きな雲，その一つの境界が濃く塗りこめられています。そして樹冠の閉じた木（自己包含），幹の陰影づけ（不安），黒いふし穴（トラウマ），基底線（支持），花々と同じくらい小さな女の子（自己像）。全体としての印象は楽しげですが，のどかとは言い難いのです。

英語に問題がありますが，この子は小学4年生に在籍しています。臨床歴から黒いふし穴を説明できるようなトラウマはありません。年齢不相応な行動を示すこともありません。家族といっしょに暮らしていて，よく適応しています。問題にすべきものもありません。この絵を保存しておいて，彼女が大きくなったときの絵と比較するのもよいでしょう。

絵というものは，包括的なアセスメントを下す際の一つに過ぎません。診断や治療の補助です。

絵に対して全体的なアプローチをすることで，個々の事項の重要性を無視し

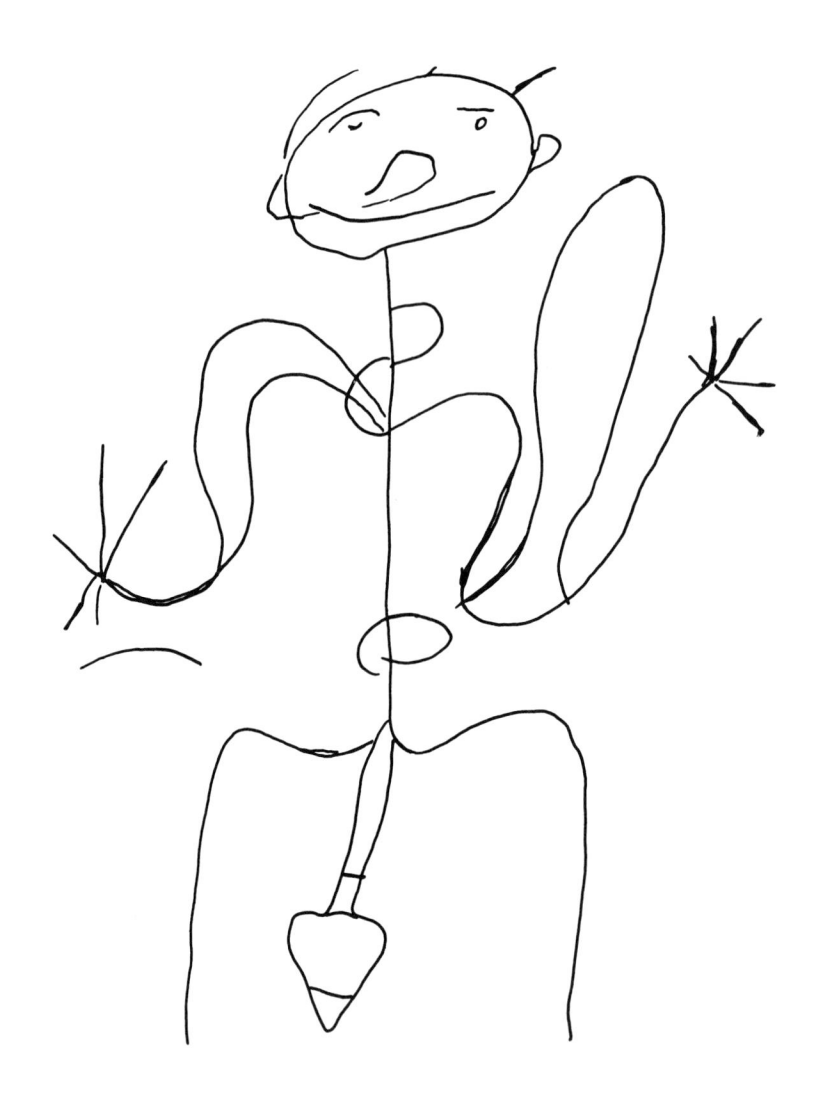

図40
11歳の男児の絵は，彼が大きくなったらほしいもの，すなわち男っぽさを示しています。

図 41
5歳6カ月の女児の絵。父親は蒸発しました。この子は，母親と自分を小さく不安定な人物像として描きました。

ようというのではありません。同じ方向を示すものがあれば，特別な注意を向けるべきです。妥当性を満たすために必要な事項の数は，質的な場合ほど多くはないでしょう。

　標識にもヒエラルキーがあります。あるものは明らかにあってはならないもので，ほかのものに比べて重要です。たとえば，あからさまな性器の描写。図40に見られる印象的なペニスと盛り上がった筋肉を，11歳男児の攻撃性の表われとして無視することは難しいでしょう。彼は自分がそうなりたいものを描いたのです。ほかの事項，たとえば耳や軀幹はそれほど気になりません。

　5歳6カ月の女児は，図41のなかに母親と自分を描きました。絵は小さく取るに足りないものです。父親が家を出たので，この子は母親と二人で住んでいます。聡明で物事をはっきり述べます。家族を描くよう要請するとこの子は，「だけど，うちには私とお母さんの二人しかいないの」と答えました。人物は不安定で足がなく，縮こまっています。絵から受ける全体的な印象は安心感のなさであり，現実の家庭の状況と一致しています。

　絵を評価する際に，全体から受ける印象と一致した事項がたくさんあれば，気持ちの良いものです。

6章　全体とパーツ　79

ハードおよびソフトな科学

　絵を解釈するに当たっては，妥当性の問題が未解決のままです。人間の科学は，自然科学で要求されるほどの客観性を提供するものではありません。人間の行動における複雑さ，易変性，そして予測不能性は，より単純な自然現象のなかで期待される確かさを排除します。ハードおよびソフトな科学の極端な例としてステント（Stent, 1980）は，力学における客観性と精神分析におけるあいまいさを提示し対比しています。

　科学者たちの唯一の願望はそこで作業することのできる標準をもつことである，というオールダス・ハクスリー（Huxley, 1977）のことばを思い起こすでしょう。しかしながら人類は「標準化されるにはほど遠く」，もし人びとにおける身体的および生理学的な大きな違いが行動に影響を及ぼさなかったなどということがあれば，実に驚くべきことです。

　これまで読み手の側の変数については何も語られませんでした。もっとも経験があり優れた読み手でさえも，考えや気持ち，検討中の人的材料への個人的アプローチを形作る影響の効果を免れるわけにはいきません。

　こうしたことは，冷静であっても意気消沈させるような考えではありません。なぜならわれわれは，全か無かという状況にはないからです。

全体のなかでパーツの意味が獲得される

　最初に全体を一瞥することによって，個々のパーツを評価するためのコンテクストがよくわかります。

　パーツは，パーツ同士および全体との関係のなかで，重要です。個々のパーツが全体に影響を及ぼし，全体というコンテクストのなかで互恵的に個々の重要性を獲得します。一部分が病気になったり傷害を受けたとき，人間の身体に起こることも同じです。すなわち身体は全体として影響を受けます。しかし身

体が損なわれる程度は，完全に機能している有機体としての身体によって決められます。有機体は全体のなかにあります。

　人に関するわれわれの知識は数学ではありません。構成成分を一覧表にしたものではないのです。神話に出てくる東洋の神が同時に見ることのできない複数の顔をもっているように，その起源は全体としてのおよその印象から来ています。その印象は，描き手と読み手の双方から影響を受けます。

7章
全体としての特徴

大きさ

4歳のポールが母親といっしょにセントラルパークを歩いていました。そのとき彼の目は，こちらに向かってくる一人の歩行者に惹きつけられました。関心をもったポールは母親を振り返りたずねました，「ママ，あの子はお母さんといっしょじゃなくてこわくないの？」。彼は大人の小人に興味をもったのでした。

就学年齢を過ぎた子どもでも，重要性を表現するために，人物の実際の寸法を無視して大きく描くことがよくあります。

動いているという錯覚

「動きは生命である」。(レオナルド・ダ・ヴィンチ)

動いているという錯覚を生み出すためにアーティストの用いる技巧のなかには，スフマート[1]すなわち不鮮明なイメージ，見るものに与える緊張感，急速で力強いストロークの使用があります。

レオナルド・ダ・ヴィンチが好んで用いた不鮮明なイメージから，見るもの

---

[1] 物と物との境界線を煙のようにぼかして描くこと。

図 42
7歳6カ月男児の絵。人物の大きさによって，この子が
感じている家族のなかの相対的な重要性がわかります。
彼は自分を省略しました。

図43　9歳男児。

を刺激してイメージを鮮明にしようとする錯覚が伝わってきます。緊張感は，見るものを刺激して心理的に動作を完了しようとするところから生み出されます。急速にスケッチすることは，細部に凝るよりも，動いているという錯覚を伝えるうえで効果的です。グアルディ[2]の描いたヴェネティアの風景画がもつ生命力を，カナレット[3]の手になる風景画，威風堂々としてはいますが静的なそれと比較してごらんなさい。

あるものが生きているということがわかるのは，自分の力で動くからです。自発的にあるいはまねをして，子どもたちは自分の絵に動きを与えるために，さまざまな工夫を凝らします。一般的に言って，男児の方が好んで動きを描出します。一方女児は，細部や仕上がりに関心をもちます。

動きを描写するには

学齢期になった子どもはもはや，正面を向いた直立不動の人物を描くことに満足しなくなり，動きがないのに動いているという錯覚をつくり出そうとして，動いているところを描こうと試みます。正面向きで動きを表現するのは難しいということがわかると，歩いたり，走ったり，何かしているところを表現するのにもっと効果的な方法として，横向きを発見します。

いろいろな工夫がなされますが，明らかにマンガ家のそれをまねたものもあります。11歳8カ月のヨランダは，父親が重いダンベルを頭上高くもち上げているところを描いて，うまく動きを表現しました。巨大な二頭筋を目にして，継続した動作のなかの静的な動きを感じとることができます（図44）。

12歳のジェーンの描いた図45は，人物を横向きに描いているので，釣りをしているところがはっきりしています。このような動作を正面向きに描くのは

---

[2] フランチェスコ・グアルディ（Francesco Guardi）：ヴェネティア生まれの画家。カナレットの弟子であり，ヴェネティアの風景画が彼の持ち味。その生き生きとした色合い，光の効果に対する印象派的な観察力は，「教会を望むサン・マルコ広場」にうかがうことができる。

[3] カナレット（Canaletto）：本名 Giovanni Antonio Canal。ヴェネティア生まれの画家。ローマで学び，ヴェネティアで風景画の連作を描いて名声を得る。

図 44
11 歳 8 カ月のヨランダの絵。

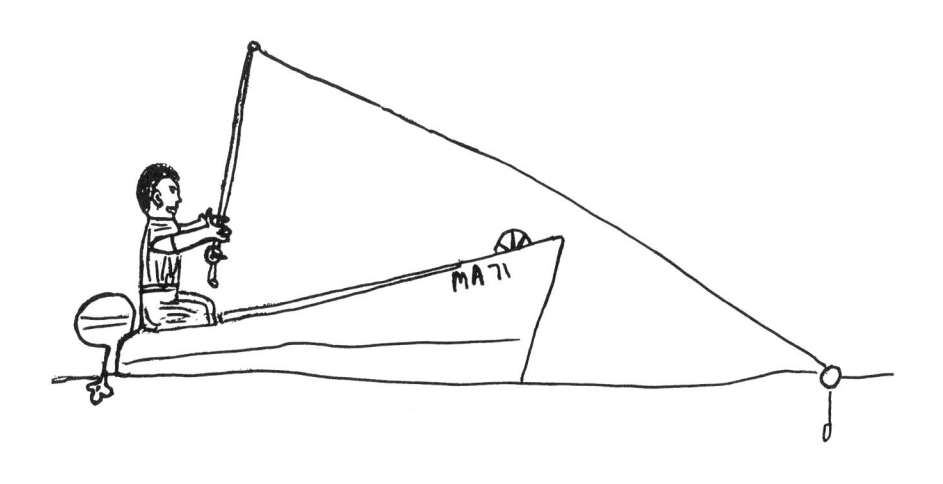

図 45
12 歳のジェーンの絵。

図 46
12 歳のマーチーの絵。走っている人物の右腕を除いては，上出来です。

かなり困難です。

最初に描かれる性について

　数多くの研究によって，大多数の子どもは，人物を描くようにいわれて最初に自分と同じ性を描く，という共通見解が得られています。思春期が近づくにつれ，最初に自分の性を描く女児のパーセンテージが減っていく，ということもわかっています。
　こうした所見は性役割に関係づけられてきました。わたしの考えでは，多くの女性のなかで生起する変化は，性役割や性同一性における移行を示すものではなく，むしろ異性に対する興味を表現するものです。女性は男性より 2 年早

図 47
人を一人描くよういわれて，ある 18 歳の女性は男性を描きました。

く，思春期に達します。

　最初に描く性の変化が，過去に浸透していた性モデルを完全に破壊するような社会的，文化的変化を反映しているかどうかは，興味深いことです。それでも，紋切り型はなかなかなくなりません。子どもの人物像に見られる保守性は，ゆっくりと道を譲ります。

　図47は，18歳の女性の絵です。家族のそろった家庭に住んでいて，適応が良いといわれています。たいていの青年たちと同様，絵を描くようせかされなければなりませんでした。描き方を知らないと言い張った後で，やっと同意しました。肩が広くて腰が細く，ズボンの部分と右上肢に消した跡があります。頭髪への関心の深さは職業の影響と思われます。

家族画から自分を省くことについて

　省略は，正しく評価されていないと感じている子どもの絵に見られます。慎重に省略することもあれば，無意識に「忘却」することもあります。

　わたしの経験によると，青年期が近づくにつれ養子は頻繁に自分を省略するようになります。青年期には，両親と同居している子どもでさえも，アイデンティティが最大の関心事になります。

　こうした理由から，動的家族画（そこでは自分を含めた家族を描こうとします）を要請する前に，したがって子どもが当たり前のこととして家族画のなかに自分を含めるかどうかを見極める機会を無駄にしないために，単純に「あなたの家族」を描いてもらうよう主張してきました。

　図48は，8歳3カ月のグレイスが家族を描くように言われて描いたものです。自分自身を省略しました。描き終えてから彼女自身の不在を指摘され，グレイスはこう答えました，「自分を描きたくなかったの……わたしがどんなふうに見えるか知らないもの」。グレイスは両親やきょうだいと住んでいます。彼女は弟に嫉妬していたのでした。心身症的な嘔吐と虚勢が目立った臨床症状でした。劣等感と同胞葛藤が，目に見える形で自分を省略することに表われて

図48
8歳3カ月のグレイスは、家族画のなかに自分を入れませんでした。

7章　全体としての特徴

います。学校では問題なく，3年生に在籍し適応できています。

母親不在

　図49のように，幼稚園に通う5歳の賢いボビィが家族画を描きました。母親は物理的に不在で，父方祖父と父親に育てられていましたが，彼は母親も描いて，受け容れがたい現実を否認しました。母親が会いに来ることはなく，ボビィは父親が酒に溺れていると述べています（エディプス期の発達段階）。
　図50は10歳11カ月のティナが描いたものです。彼女は母親を省略し，自分と父親が家事に携わっているように描きました（前思春期の終わりころの発達段階）。
　ネグレクトされているにもかかわらず，不在の母親をも含めることで，5歳児が母親への愛着を示しています。母親を除外することで，11歳女児が怒りを表現しています。彼女は事実を受容していたので，家庭で行なわれなければならないことにいそしんでいます。

父親不在

　母親不在より父親不在の方がよくあることです。一般的にその方がより影響が少ないからです。
　9歳女児の描いた図51は，父親が現実離れした幽霊のような存在であることを雄弁に語っています。
　10歳女児の描いた図52を見ると，母親はテレビを観賞し，グロリア自身はネコやイヌといっしょです。
　ところが父親はと言うと，ただ存在するという役割さえも果たしていません。父親はまた物理的にも機能的にも役立っているに違いないのです。会社から帰宅した父親は，カクテルを手にした礼儀正しい妻に迎えられ，靴を脱ぎ新聞に没頭するのですが，家族に愛情を向けたためしがありません。このこと

図49
5歳のボビイの絵。

お父さん　わたしのお母さん　わたし　弟　弟

7章　全体としての特徴　93

図50
10歳11カ月の女児の絵。崩壊家庭のため母親が不在です。

図51

9歳女児の絵。両親が別れたので、彼女の成績は落ちてきています。父親は訪問してくれます。父親はかろうじて目に見える像として描かれていますが、今なお家族のメンバーです。彼は存在し、かつ不在です。

7章　全体としての特徴

図52

は，家族を描くよう言われて多くの子どもが，家庭生活を営んでいくうえでの活動や心配事から慎重に切り離され，新聞に顔を埋めた父親を描くことから明らかです。仕事に注ぐにも限界があります。ここでまた，余暇をゴルフやテニス，テレビでのスポーツ観賞に注ぐ父親がいます。こうして子どもたちは，自分たちとは別に余暇を過ごす父親を描き，役割モデルとして必要な両親に無視され，情緒的にも切り離されていると感じるのです。

　もっと嘆かわしい両親の行動として，硬直し処罰的な父親がいます。彼は現実生活のなかで，エディプスの父親であるライオス王を演じているのです。ここでは，受動的な無視を上回るあからさまな拒否，身体的および精神的虐待が行なわれ，しばしば子どもを良くするためのしつけや訓練であると合理化され

図53
8歳11カ月のドナの絵。彼女は左から4番目です。崩壊家庭。子どもたちは全員、臨時施設に預けられています。両親は省略されています。

ています。そのような父親イメージをもった子どもは、しばしば大きな手と尖った指をもつ圧制的な父親を絵に描きます。

家族を描くことに抵抗する子ども

崩壊家庭の子どもたちだけでしたが、なかには家族を描くことにはっきり抵抗するものがいました。つらい思いをした少年が、「わたしには家族がいない」と言って抵抗することもありました。しかしこうしたトラウマを負った子どもたちでさえ、完全に拒否することはまれです。よくあるのは、家族グループのなかにきょうだいと自分たち全員を描いて、両親を省略することです（図53）。

協力をしぶるときは、木を描いてもらうと感情的なブロックも少なくなり、次回のより自由な反応へとつなげることができます。

描画は表層的ですでに知っていることしか語っていないと言われるなら、わたしたちが知っている以上のことを語っていると申し上げておきましょう。

幾何学的な人物像

　図54は，父親がいなくて家庭にまとまりに欠くため里子に出された6歳の子どもの人物画です。

　人物をきわめて幾何学的に表現しています。人物像は物化され，没個性的で人間味がありません。このタイプの絵が示しているのは，大脳のコントロールにもとづく合理的で理性的な姿勢です。したがって読み手の反応も情緒的というより，知的なものになります。

　この子は1年生に順応しています。里親にも時たま訪れる実母にも親密な愛着を向けることはありません。

絵は自己像でしょうか

　この問いと，鏡に映った鏡像を自己像と認めることとは関連があります。独創的で魅惑的な実験をもとにザゾ（Zazzo, 1975）が決定しようとしたのは，鏡が映し出しているのは自分自身であることを子どもが発見するに至るその道筋でした。

　最初に子どもは，曇りのない平面ガラス（やがて鏡に置きかえられるのですが）を通して，自分と同一の双子を見ます。鼻の上の斑点を見て，ほとんどの子どもが鏡に映し出された鼻ではなく自分の鼻に手を伸ばす年齢を，ザゾは決定したのでした。実際には，30カ月までにすべての子どもが完成します。

　この研究に導かれてわたしは，描かれたイメージについての問い，すなわち自己像を意図したものかあるいはそうと認められたものかについて，再調査することにしました。

　「人を一人描いてください」という教示のもとに描かれた何百という絵を調べたところ，少数の子どもが自発的に「これは自分だ」と言い，同じく少数の子どもが友達を描いたと言い，あるものは両親を，また崩壊家庭の子どもは祖

図54
6歳女児の絵。この子は里子です。

図 55
7歳9カ月のジョゼフがジョンを描きました。

図 56
8 歳 2 カ月のジョンがジョゼフを描きました。

父母だと，そしてほとんどの子どもが自分からも問われても大人のようではあるけれど特定できないと答えたのでした。

初期の仕事（Di Leo, 1973）のなかで自分の信念を表明しました。すなわち，よく適応している子どもは，「単なる自己についてではなく人類というものについての概念……自己はそのなかに包含され吸収されているわけですが」を描くということです。具合が悪くなるまで自分の臓器について気にかけることがないように，「不安に苦しむことがなければ，子どもも魅惑的な人や物の世界にすっかりひたって，自己というものを忘れてしまいます」。そうして絵も，「重要な人物を表象するような図式」だったり，さらには友達だったりするのです。人を描くように言われて子どもは，最初に同性を描くという事実がありますが，自分を描いているわけではありません。

これまでのシリーズのなかで，人物を描いて自分から自己像だと同定した最年少の子どもは6歳でした。4歳10カ月になる男児は「お母ちゃん」だと言い，4歳8カ月の別の男児はきょうだいを描いたと報告しました。描かれた人物の名前が言えるようになるのは，たいていは8歳を越えてでした。

崩壊家庭出身の潜伏期の子どもたちの絵をシリーズで調べたところ，自分と同じ性の人物を最初に描くということのほかは，主題の選択において男女間に大きな違いがありませんでした。とはいえ同性を描く傾向は，少女が思春期を迎え最初に男性を描くようになるにしたがい，薄れてきます。これは同一化の問題ではなく，興味の表明であると解釈してきました。この時期の子どものなかには，両親よりも同年代の友達や世話してもらっている大人（医師，看護婦，ソーシャルワーカー，祖父母）を描くものがいます。こうした事実から，両親が親としての役割を果たせないあるいは果たそうとしないときに，仲間や情の深い大人との親密な関係の重要性が喚起されます。

図55，図56は，ジョゼフがジョンを描き，ジョンがジョゼフを描いたものです。

8章
身体のパーツ

パーツにおけるヒエラルキー

　ヒエラルキーということばは，ここでは発達しつつある子どもの描く絵に身体のパーツがどのような順序と規則性で出現するかを示すものです。人物画の展開を見ると，子どもが身体の各パーツに与える重要性が推測されます。

　もっとも早期の表象は円であることに一般的な合意が得られています。3, 4歳の子どもは自分からも問われても，円を人，あるいはもっと特徴を押さえて，頭部だと同定します。この丸いパターンに胴体が含まれているにしても（Arnheim, 1964 ; Britsch, 1926），子どもが目，口，鼻を描き込むその基本的な円に包含されているという事実に変わりはありません。後になって，もともとの円の下に小さな円が描かれれば，それが胴体だとわかります。前書（Di Leo, 1970）でいくらか詳述しましたが，直観的にしろ事実にもとづくものであれ，幼い子どもは人体解剖のそのパーツに興味津々です。それは象徴的にも実際も，人のきわめて表象的なパーツなのです。

　頭部，目，および上下肢は，子どもが外部の人や物の世界とつながりをもつうえで重要な役割を果たしているので，続く議論のなかで特別な注意を払いました。

頭　部

> 「生命にかかわる器官を組み立てる前に，造物主は知の座となる部分を造り賜うた」。
> （レオナルド・ダ・ヴィンチ）

　ロンドン生まれの生物学者ジュリアン・ハクスリー卿（J. Huxley, 1961）によると，頭部は中枢の統合器官であると同時に情報の受容器官であり，「身体のなかでもっとも支配的な領域」です。

　解剖学者であるクレリン（Crelin, 1973）は，胎生 2 カ月の胎児の身長の半分を，新生児だと頂部から足の先までの四分の一を頭部が占めると述べています。すなわち，成長の速さとその達成度においてほかのあらゆる器官を凌駕し，5 歳までに成人の大きさの 90% に達します。

　並外れた直観力をもつ子どもは，胎生期以来ほかの器官より優先権をもったパーツを選び取り，かつ注目し続けてきました。

　精神的および感情的生活における卓越した役割はともかく，頭部には絵画的表象に見られるように象徴的属性が付与されています。就学前の子どもたちの絵を見ると，頭部は概して不釣合いに大きく描かれ，目を引きます（図 57）。しかし子どもが成長して絵がより現実的になると——たいてい 7, 8 歳ころですが——，人物画とそのパーツはより客観的な釣合いがとれるようになり，頭部の大きさは直立した成人の頂部から足の先までの 8 分の 1 になるのです。頭部の大きさの変化をどのように解釈すればよいのでしょう。

巨大な頭部

　この目立った特徴は，暦年齢以下で思考し行動している精神遅滞の子どもの絵に見られます（図 58）。

　ルネッサンス芸術では，とくに頭部が人全体を表象しました。無数のセラピム（神の王座に仕える 6 つの翼をもつ天使，九天使中最高位）やケルビム（智

図 57
3 歳 5 カ月の知能の優れた女児 J. A. の描いた人物画。

図 58
12歳3カ月の男児の絵。精神遅滞。フェニールケトン尿症の治療中。巨大な頭部は，平均知能をもったずっと年齢の小さな子どもに典型的に見られます。

図59
8歳男児の描いた家族の絵。

図60
8歳6カ月の男児の絵。

天使，九天使中の第2位で知識をつかさどる）が単純に頭部や翼としてだけ描かれるように，身体のほかの部分がそのように利用されることはめったにありません。幼い子どもは，目，鼻，口をもつ頭部だけを描いて，人であることを効果的に示します。図59は，8歳男児が家族を描くように言われて描いたものです。

　平均ないし高い知能をもった子どもが巨大な頭部を描いたら，身体的あるいは精神的な機能障害の座と見なされるところに重点を置いていることを表わしているのかもしれません。

　学齢期でも失語症の子どもたちは巨大な頭部を描きます。彼らの学習障害の原因として，頭部になんらかの機能不全があると考えられています。

　巨大な頭部が分裂病者の絵にしばしば見られると，自我の退行が別の形で表われていると考えたくなります。しかしそれは，分裂病者も正常の子どもも巨大な頭部を描くのですが，双方の思考過程の間にある質的かつ重要な違いを考慮しないことからくる過度の単純化に過ぎません。

　5，6歳の子どもがよく描く頭足類は，幼い子どもが直観的に頭部の優位性を感じ取っていることを表わしています。人生の早期より子どもは，頭部とその特徴に魅せられます。人の顔ほど生後数カ月の赤ん坊を魅了するものはないでしょう。乳児期を過ぎると子どもは，物を見，お話をして，聞いたり，食事を取ったり，笑ったりしかめっつらをする身体のこのパーツを，事実群を抜いて重要なものの立派な表象と見なします。胴体に宿る本質的な機能に気づくことは，威圧的な頭部の下により小さな円をつけ加えるころになって身につく，知的な着想です。

　精神障害者の描く巨大な頭部にはもっと複雑な意味合いがあります。頭足類を没個性化した仮面だと解釈したハルブライヒ（Halbreich, 1979）は，その間のことをうまく表現していると思います。精神と身体が袂を分かつ象徴的な首切りから派生した恐怖心を抑制しようとして，頭部と身体が融合するのです。患者は頭足類すなわち没個性化した仮面に同一化しています。それは不変かつ儀式的で，元型を思わせます。とはいえその過程は，シンボル-空想世界

8章　身体のパーツ　　109

図 61
8 歳男児の絵。スタンフォード=ビネー知能検査とグッドイナフ=ハリスが一致しました。IQ 89。

に退却しています。

　幼児では頭足類が発達の相を表わしています。患者ではそれは変化することを止めようとする試みです。前者は動的過程ですが，後者は静的です。

目

　最高の力，明るさの源，生命を与え維持するものとしての太陽を敬うことが，多くの古代文明における宗教的営みの中心に置かれてきました。シンボルに富むエジプト神話では，偉大なる太陽神ホルスの表象として目が選択されています。古代エジプトのアートでは目が際立っています。絵でも彫刻でも顔は横顔で描写されるのが特徴ですが，絵画でも彫塑でも黒くくっきり隈取された目は，鑑賞者を見据え常に正面向きです。

　光やイメージの身体への入り口は目です。外的世界と接触する原初の媒体として，目は母親すなわち触れ合うことと交代する運命にあります。最初は受身ですが，目の働きは決して受動的ではありません。なぜなら脳の気づきへと運搬すべきものを選択できるからです。

　目の感化力が今なお信じられています。特に悪魔の目から守るために，子どもの首にお守りをぶらさげる人びとがいます。レオナルド・ダ・ヴィンチが処女の目がそそる魅力的な力を認めたのも，迷信からではありません。ペトラルカ〔Ptrarca：イタリアのルネッサンス期の桂冠詩人〕が"si dolce lume uscia dagli occhi suoi"（彼女の目からこぼれる光のなんとかぐわしいことか）と吟じたように，詩人同様偉大な作家の作品にも，至るところ目の力について言及されています。

　目の回りの筋肉の動きによって大部分の表情が作られます。目に内在する魅力的な効果は，きらきら反射する光，美しい色，そして子どもでは大きく見開いた無邪気なまなざしにあります。しかしその身体的な特質だけでなく，目にはもっと多くのものが備わっています。

　こうして，アートや心理学，人間の営みにおいて目がどれほど多くの注目を

浴びようと,驚くに値しません。

「最早期においてさえ,人の顔ほど赤ん坊の注意を引くものはないでしょう。なかでも赤ん坊を魔法にかけておとなしくさせるのは目です」。乳幼児の行動発達の研究における長期間の経験から得られたディ・レオ (Di Leo, 1970) やほかの臨床家のこうした観察は,ハイス,ムーア,バーグマン (Haith, Moore & Bergman, 1977) らによって実証されました。テレビカメラ,ビデオ,洗練された統計解析を駆使してこれらの研究者は,母親の顔及びなじみのない顔に反応したときの 24 人の赤ん坊の走査パターンを調べました。赤ん坊は,3 から 5 週間,7 週間,9 から 11 週間の 3 つのグループに分けられました。アイコンタクトと目への固視が,鼻,口,輪郭線(頭髪のはえぎわ,頬,あご,耳)への固視と比較されました。大人の顔は動いたり話したりしています。

臨床的に知られていたことを実証しただけですが,きわめて興味深い結果でした。母親と見知らぬ人への反応に大きな違いはありません。事実,4 カ月近くにならないと赤ん坊は母親の顔を認知できないといわれます。最初のグループのほとんどのものは (57.4％),輪郭線に注目しました。ところが 7 週間になるまでに 54.8％ が,9 から 11 週間に 48.9％ が,目が際立って顔の魅力的な構成要素となりました。目が好まれる理由は,その動き,色,光沢です。しかしこれでは,大人がしゃべっている顔を提示しても赤ん坊は口,歯,口唇に注意を向けないという事実を説明することができません。実際のところ,大人がしゃべり始めても,赤ん坊の目への注意が高まるだけでした。

この研究の著者らは,今回の結果を子どもの知覚発達と社会的発達に関連づけています。生後 7 週までに「単なる要素の寄せ集めだった顔が,意味ある実体すなわち知覚しうる外形へと変化し」,それ以降「目が社会的なかかわりにおけるシグナルとしての価値を獲得する」と仮定しています。

アイコンタクトを確立し維持することができなければ予後不良の意味合いをもつように,赤ん坊と養育者が社会的なラポールを確立するうえでアイコンタクトの重要性はよく知られています。別の臨床的所見が科学的に立証されるなら実に嬉しいのですが。

図 62
4歳7カ月の賢く安心感のある女児が描いたこの絵のように，巨大な目は幼い子どもの絵に普通に見られます。この子の家族はみんなそろっています。

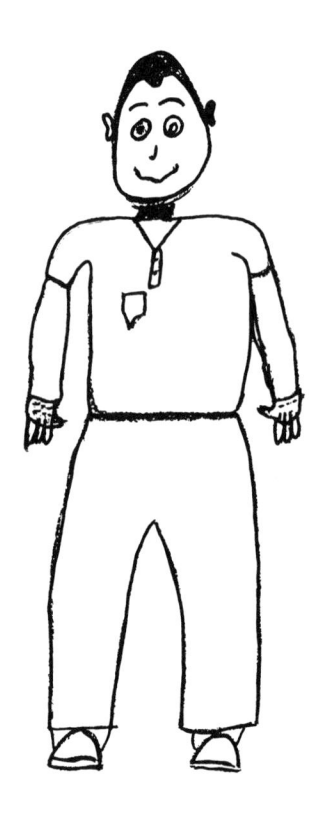

図 63
12 歳男児の絵。

図 64
11 歳女児の絵。

2カ月にもならない赤ん坊でさえ，くぎづけになったかのように手足の動きを止め，養育者の目を見つめます。持続してアイコンタクトを確立し維持することができなければ，精神障害の最早期のサインの一つになります。

　人物を描くという子どもの最初の試みに気づくのは，頭部に当たる原初の円にまず目立った目が描き加えられるからです。過度に目を大きく描いて強調するのは，疑い深いパラノイアの人たちの絵に観察されてきました。しかし幼い子どもでは，大きな目が，人のもっとも素敵なパーツに当然のこととして付された重要性を単に示すに過ぎません（図62）。

　目を性的目覚めやのぞき趣味，罪，恥に関連づけるのは，青年たちが瞳孔のない目（盲目）や異常に小さくサングラスに隠れた目を描いたり，さらにはまったく描かなかったりするからです。近親相関に対する罪の意識からエディプスは，「見る権利のないものを再び目にすることのないように……」みずからの目をえぐり出したのでした。

　目に装飾的な飾りをつけるのは，青年期の女子の描く女性像によく見られます。男子は，飾り気がなく機能的なだけの，もっと単純な目を描きます。ことわざを思い起こすことでしょう，「男性の目は見るためにあり，女性の目は見つめられるためにある」のです。図63は男子の，図64は女子の絵です。

　マルセル・プルースト[1]とともにわたしたち多くのものは，反射する瞳が輝くのはその生物学的な組成のせいだけではない，ということを感じています。詩人は，どのようにして愛が目を通して入り込むかを語っています。人と人との視覚的相互作用は単に光学的な問題にとどまりません。

腕と手

　触れることは感覚の母親です。最初に子宮の外の世界とコンタクトをとり関係をもち始めるのは，わたしたちの口唇への触覚を通してです。最終的には，

---

1) マルセル・プルースト（Marcel Proust）：フランスの小説家。『失われた時を求めて』第2編はゴンクール賞を受賞した。

指と手が直接コンタクトをつけるための，さらなるコミュニケーションのためにはジェスチャーやサインが，主たる媒体となります。

　触覚を通して，愛情や罰を受けたり授けたりします。腕も手も，恵みを垂れ，咎めます。与え，奪います。上肢のもつ象徴性が，相互関係を保つうえで活発に活動しているこのパーツの，形，寸法，不在にしばしば表われます。したがって，腕，手，指がどのように描出されるかに注目すれば，恐怖，小心，敵意，攻撃性の上に横たわる行動を理解することができます。

　しかし解釈を試みる前に，ほとんどの子どもたちに見られる人物画の発展を特徴づける発達過程に言及することは必須です。4歳で腕が描かれることはありません。6歳以上の子どもで腕がなければますます意味を帯びるようになり，10歳では確実です。同じことが腕の寸法やつき方にも適用されます。学齢期の子どもが頭部や下肢から腕が出ているように描くなど，もってのほかです（下肢を引っ張っているなら話は別ですが）。

　図65は6歳8カ月男児の絵です。崩壊家庭出身。腕と手がなく横目づかいなので，引っ込み思案で疑い深い性質が表われています。

　10歳7カ月ブレンダの描いた図66を見ると，彼女のパーソナリティとアートには明らかな相関があることがわかります。知的な子どもですが，やる気をなくしています。協力的ですが，受動的で孤独を好むようです。人物には腕と手がないので，何もすることができません。1回だけ抵抗しましたが，それは家族が何かしているところを描くように言われたときでした。動きを描くことはできないと訴えたのでした。

　実際に連続線で描いたこの絵から，芸術的な能力と美的センスの持ち主であることがわかります。注意深く正確に線を接合するあたり，彼女のパーソナリティに際立って特徴的なコントロールを表わします。笑っていますが人物は硬直しており防衛的です。

　動機づけが欠如しているのは，彼女の家庭の破壊的な力に由来するものです。

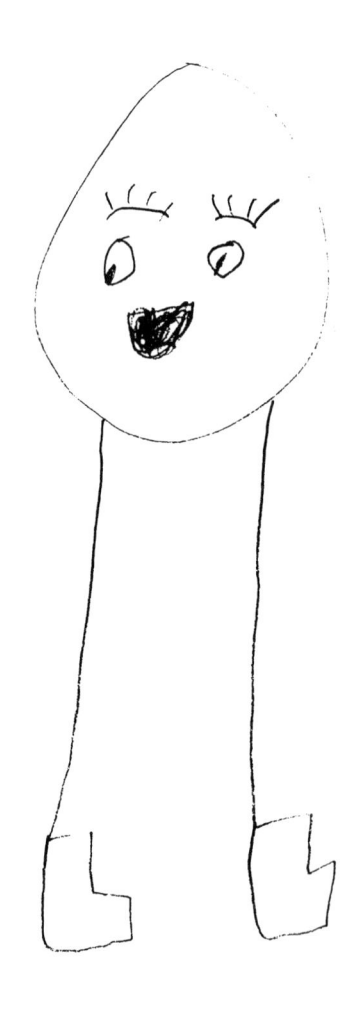

図 65
6 歳 8 カ月男児の絵。疑心と無活動。

図 66
10 歳 7 カ月ブレンダの絵。静的,消極的,紋切り型の
人物。腕がなく足元は不安定です。

耳

　耳が省略されたり巨大だったり，あるいは鉛筆を強く押しつけて強調した耳もあります。こうした変化をどう意味づければよいのでしょう。耳は聴覚器官なので，聴覚障害者や幻聴，関係念慮の経験者が耳をどう描くかは一方ならず注意を引きます。

　聾学校のコンサルタントとして長年勤めたわたしの経験から，聴覚障害者の絵でいつも耳が強調されたものは見つかっていません。少数の者は補聴器をつけた人物を描きました。耳の描き方については，ほとんどが正常のコントロールから区別できません。

　いろいろな研究者，なかでもマコーバー，ハマー，グリフィスとペイマンらによって，人目を引く耳がパラノイアや疑い深い態度，幻覚障害の表われであると解釈されてきました。しかしグリフィスらは，精神障害の病名ではなく，その行動を基準にした場合に限って，耳を強調することと関係念慮には正の相関があるということを見いだしています（耳を強調することが仏陀の特徴的なシンボルであることについては1章で述べています）。

　就学前の子どもの絵には耳がないのが普通です。それは単に，耳のイメージについての構想が発達上未熟なためです。耳は，いつもとは限らないのですがしばしば，学齢期の難聴あるいは聴覚障害のある子どもの絵から省略されます。自分の障害を人物画のなかに描出するということが，ときどきあります。しかしたいていは，肥満の人がスリムな外形を描くように，子どもは願望や理想的なイメージを描こうとするものです。

解剖学的な構想

　身体内部テストが提供しているのは，健康，あるいは病的な状態における器官のシステムについて，主体がどのように考えているかを評価する機会です

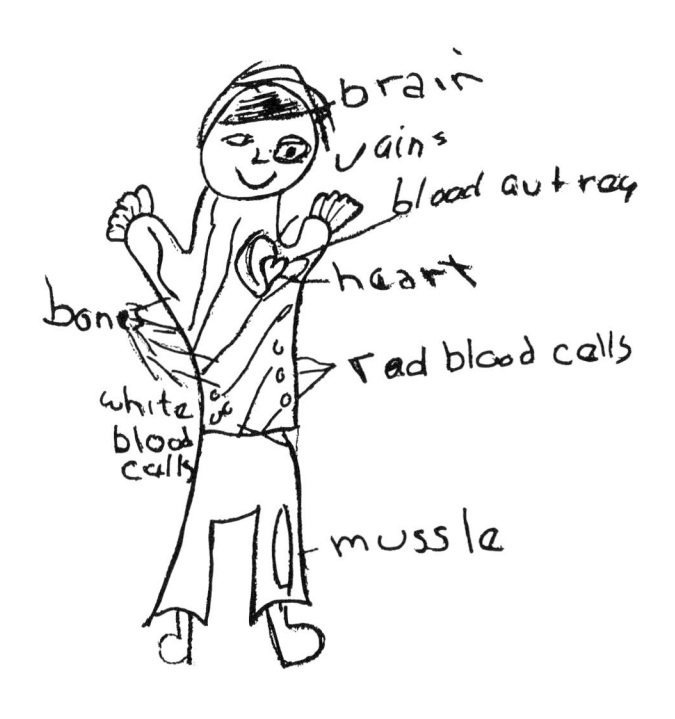

図 67
10 年生になる 15 歳のリンダによる人体解剖。

8 章　身体のパーツ

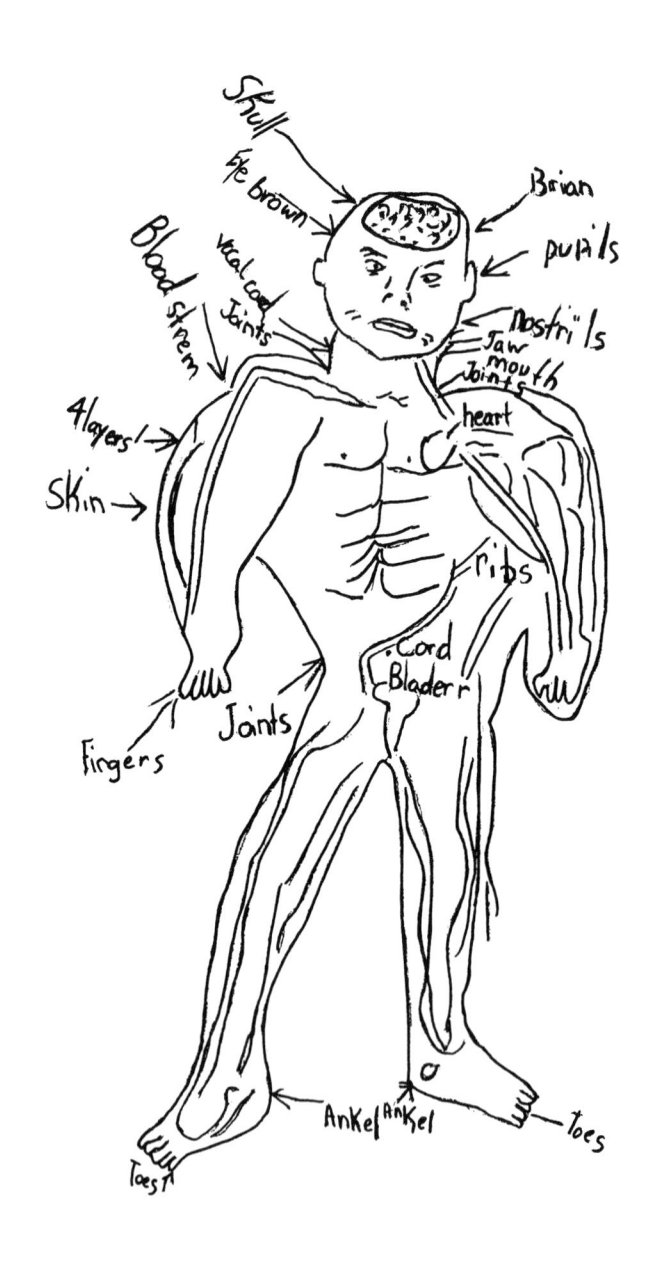

図68
7年生に上がる13歳ユージーンの人体解剖。

(Brumback, 1977)。

　学齢期の子どもはたいてい心臓と脳を強調して描きます。ほかの器官もそのうち描かれるようになります。男児は女児よりずっと，骨格と筋肉の構造を際立たせます。同様に男児は生殖・泌尿器系を描きたがります。神経筋・循環器障害が，ある患者の絵にはっきりと象徴的に表わされることがあります。

　一般的に言って，子どもの身体の内部構造に関する構想は，学校で教えられていることに影響を受け，したがってこのテストの価値については限界があります。

9 章
西欧社会の子どもたちが理解している性差と性役割

最初は性差をどう描出するか

　よく知られていることですが，就学前の子どもが性別を表現するのに用いる最初の手法は，女性像にロングヘアをつけることです。こうした事実は，過去も現在も，たとえ男女でヘアスタイルが入れ替わっても変わるものではありません。
　近代美術館の庭園である日わたしは，近代アートの，なかでもガストン・ラシューズ（Gaston Lachaise）の作品に興味津々の4歳の子どもを目にし，その子どもの視線の先にある彫像に胸打たれました。母親の方を振り返り，その像を指さしながら子どもは，「あの男の人を見てごらんよ，お母さん」（写真1）と言ったのです。豊かな二次性徴を備えたその像は丸坊主でしたから。その子どものIQはわかりませんが，利発そうでちゃんとお話ができます。診察したわけではありませんが，遅れはなかったと思います。
　就学前にすでに，子どもは女性像に豊かな頭髪をつけるようになります。それは，青年や大人が頭髪を性的なシンボルとして絵のなかに表現するのとは異なるものです。

写真1
ガストン・ラシューズ(Gaston Lachaise)の「浮遊する人」(1927)。ブロンズ(鋳型 1935)。
51 ¾″×8′。ニューヨーク近代美術館所蔵。作家をしのんで匿名で寄贈されました。

9章　西欧社会の子どもたちが理解している性差と性役割

図69
6歳4カ月の男児が描いた「僕のお父さんとお母さん」。

図70

7歳10カ月、失読症の男児の絵。腕のない人物は放任主義の父親です。男女が頭髪によって区別されています。

9章 西欧社会の子どもたちが理解している性差と性役割

学齢期の子どもが理解している性差

図71は，10歳女児が「人の絵を描いてください」と言われて同性を描いたものです。頭髪，目の描き方，口の作り，胸部，衣服から，この子が性と性役割に気づいていることがわかります。

一方，10歳男児の描いた図72は，男性への興味や男性役割を引き受けていることを示すものです（この子は左利きで，絵は交叉しています。すなわち左手で投げています。腕や手が大きく，頭髪は短く，目や口を飾り立てることもありません。ボールに動きが感じられます）。

成長しつつある潜伏期の子ども

> 「涙がわたしの胸を濡らすことも，眠りを破ることもない。わたしがもってないもの，それは他者のもてる奇跡のようだ……それでもわたしは成長し，知識を蓄えた」。
> フランチェスコ・ペトラルカ[1]

10歳男児の絵（図73）には，自転車に乗った子どもとCBSニュースを見る子どもが描かれています。さらに，二人の子どもが口論している絵の額縁は曲がっていて，「愛の部屋」ではアーティストがお気に入りの妹たちを抱きしめています。この部屋には，電球（温かさのシンボル）があって，ラブシートの上では頭の上にハートのある大人が二人キスをしています。

西欧社会における性役割

社会的公正を実現するための雄雄しい努力にもかかわらず，今日まで性役割

---

1) フランチェスコ・ペトラルカ（Francesco Petrarca, 1304-74）：イタリアの詩人，学者，人文主義の先駆者。

図 71

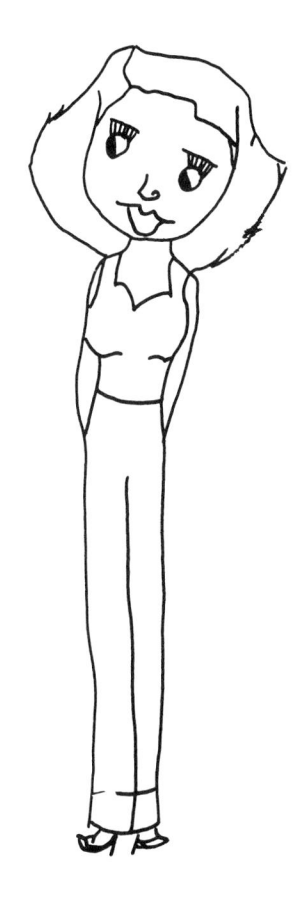

10 歳の女児の絵。ラテンアメリカ系。ズボンとハイヒールをはいた女性像です。豊かな頭髪，まつげ，キューピットの弓形の口唇，みごとに丸みをおびた胸から，母親への強い同一化が示唆されます。手を後ろに回しているので，若年者にありがちな対人関係へのためらいが伝わってきます。

図 72
10 歳男児の絵。ラテンアメリカ系。

図73
10歳の男児の絵。

は伝統的な差別のもとに置かれ，人びとの営みの底流をなしてきました。子どもの絵には性役割の分離がはっきり現れています。幼くて率直な子どもたちが自分たちの姿勢や感情を隠すことはないので，男女それぞれに適切だと思われる役割を引き受けるために影響されてきたことなどを，絵はありのままに語っています。

　同じ過ちを繰り返さないために過去に目を向けると，性差は種の違いと言ってよいほど根深いものです。原始生活でのはっきりした分離はあまりにもよく知られていますので，ここで繰り返すこともないでしょう。ルネッサンス時代に表明された姿勢を取り上げるほうがずっと現代向きです。この点についてレオン・バッティスタ・アルベルティ[2]の"I Libri Della Famiglia"（家庭書）は，いろいろなことを教えています。

　彼の説によると，賢い父親は女性の守備範囲にあるものに関心を抱くことなく，子どもたちは（常に男児を指しています）女らしい活動から身を引くべきだというのです。妻の役割は夫がもち帰ったものをいかに温存するかということにあります。どんな妻を選択するかについては，男性が25歳を過ぎてから，夫の習慣を学んで受け入れるだけの若さを備えた女性を選ぶように助言されます。できることなら，男きょうだいがたくさんいて，母親のように息子をたくさん産む女性がよいのです。結婚の第一の目的が，父性を息子たちに伝承し，貞淑で忠実にして従順な伴侶を得ることにあるのですから。妻は家事を切り盛りしますが，家族の記録や家計簿に目を通すことはありません。ごく控えめな母親が，自分の分担以外に口出しすることはないのです。

　子どもが，動きのある家族（動的家族画：K-F-D）（家族のメンバーが何かしているところ）を描こうとしたら，家事にいそしんでいる母娘（料理，掃除，テーブルセッティング）を描くでしょう。一方父親は，もっと「栄誉ある」活動，たとえば新聞を読んだり，テレビを観たり，お酒をのんだり，タバコを吸っています。たまには何か役立つこと，釘を打ったり，自動車を下手に

---

[2] レオン・バッティスタ・アルベルティ（Leon Battista Alberti, 1404-72）：ルネッサンス期の優れた人文学者であり建築家。『建築論』を著し，古代ローマ建築への関心を刺激した。

図 74
11 歳の女児の絵。「父親は本を読み,母親は台所です」。

9 章　西欧社会の子どもたちが理解している性差と性役割

図75
10歳2カ月の女児の描い動的家族画（K-F-D）。
「母親はお米を料理しています」。
「父親は足を伸ばしてテレビを見ています」。
「外でスケートをしているのがわたし」。

図76
10歳3カ月の女児の絵。

9章　西欧社会の子どもたちが理解している性差と性役割　135

図77

8歳の男児の絵。ジョゼフはヨーヨーで遊んでいます。父親は犬の散歩に、ショッピングカーを押している母親は食物（愛）を供給しているのです。

図78
23歳の遅滞のある女性の絵。女性は洗濯を，男性はボール遊びをしています。

9章　西欧社会の子どもたちが理解している性差と性役割

図79
11歳の女児の絵。父親は就寝中です。子どもたちは読書をし、働いているのは母親だけです。

修繕したりもします。男きょうだいはボール投げをしたり宿題をしています。こうした紋切り型は男子ばかりか女子の絵にも同じように見られます。

　男性あるいは女性に割り当てられた役割は，実際は母親が外で仕事をしていても，子どもたちの心のなかに生き続けます。今どきの父親が積極的に食事の支度をしたり，家をきれいに掃除したとしても，です。

　男子は特に自分がではなく，女きょうだいが家事をしている絵を描きます。それは対面を重んじるためで，たぶん日常の家事は女性向きで，スポーツや知的活動が男性向きだということをはっきり示したいからです。

　そうは言っても，潜伏期の子どもたちの絵に見られる象徴性ははっきりしています。調理して食物を取り分ける母親は象徴的に愛情を分配している，ということを忘れてはなりません。

　さらに，1980年代のアメリカの子どもたちの描いた絵からわかることは，女性を男性から区別する境がますますあいまいになっていることです。その点を心に留めておいた方がよいでしょう。絵に表われた性別を服装から区別することは一般的に言って難しく，女性がスポーツや娯楽を楽しんでいるように描かれることもあります。ユニセックスの髪型が流行しても，頭髪は男女を区別する事項になります。

（父権からの）解放

　性役割をどう理解しているか，その変化の様子が子どもたちの絵に見られ始めました。伝統的に男性のものと見られてきた活動に従事する女性が描かれるようになったのです。図80では，母親が飛行機を操縦しています。図81はくつろいでいるところです。

　女性像はたいていズボンをはいています。
　ドレスを着た男性像を見かけたことがありません。
　食事の支度をしたり洗濯，掃除をしている男性を見たことがない，と言ってしまうところでした。たった一度だけ，家事に分類される仕事をしている父親

図 80
9歳5カ月の男児の絵。母親は姉の乗っている飛行機を操縦し、父親は自動車のそばに立っています。

図 81
9歳10カ月の女児の絵。

9章　西欧社会の子どもたちが理解している性差と性役割

図82
決まり切った性役割への反抗が、14歳のサンドラの描いた絵にはっきり出ています。料理をしている母親と読書中の父親を描きましたが、彼女自身は空手の帯をしめ、誰かを「ほうり投げています」。兄たちといっしょにスポーツに熱中しようと、自分の絵に野球ゲームを加えました。両親の絵には伝統的な役割をあてがっていますが、彼女は少し違っています。人形遊びをしているマラは、まだ3歳です。

図83
11歳9カ月のアルバートの絵。妹とその友達はテレビを見ています。料理する父親を描いたのはこの絵だけです。

を見たことがあります。彼は壁に釘を打ちつけていました。以来，予期せぬことが起きています。11歳9カ月になるアルバートは，K-F-Dのなかで，休息している母親と料理を作っている父親を描きました。父親だけが働いていたのです。妹とその友達はリモコンでテレビを見ていました（図83）。アルバートが言うには，「父さんは一羽の鳥を料理している。包丁をもっていることから，屠殺したことがわかる」と。

10章
左右差とそれが描画に およぼす影響

生後早くからみられる利き手

　生後3カ月間，仰臥位にある赤ん坊が左右非対称の姿勢をとるのは，緊張性頸反射（tonic neck reflex）です。頭部を片方に向け，同側の上肢を伸展しています。フェンシングをするときのように，もう一方の上肢は肩近くまで曲げています。こうすることで，目と手の協調をとりながら，伸ばした手の方向への見通しを良くしているのです（Gesell & Amatruda, 1941）。

　多くの赤ん坊は，次頁の写真の12週の正常な赤ん坊のように（図84），早期の姿勢反射において右ないし左方向への一貫した"好み"を示すものです。

目と手

　利き手に関連して，同側の利き目ということもあります。というのも，たいていの人では同側の手と目がいっしょになって機能するから効果的なのです。同側性は，対側の脳の運動野の優位性に起因しています。運動が対側の支配を受けているのは，脳基底部における運動路の交叉からきています。こうして左の脳の運動野は右側の身体の動きを支配し，逆も同じです。とはいえ，脳の両側の分離は不完全なものです。さもなければ，われわれは二つの分離されたシ

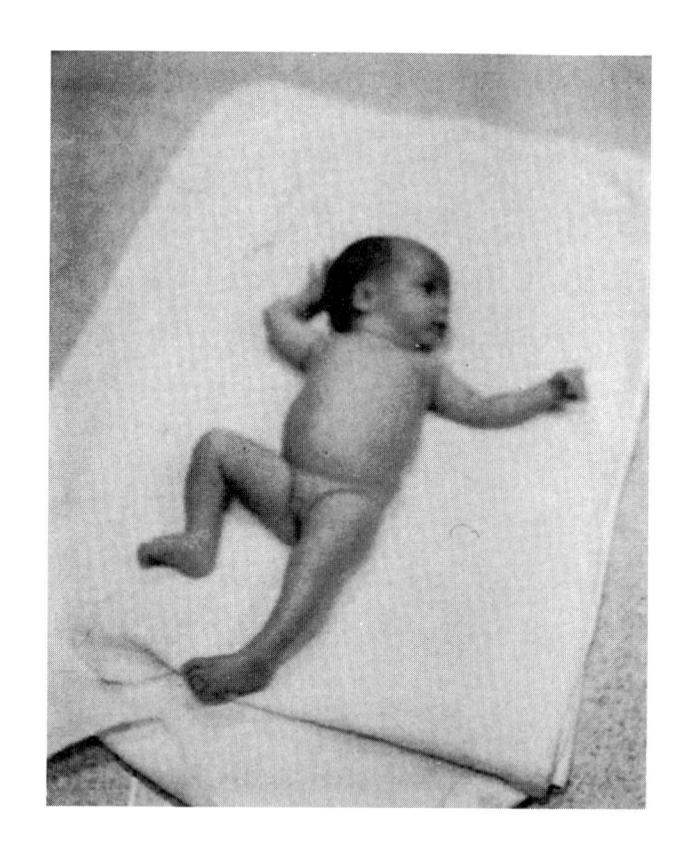

図 84

ステムとして機能することになるでしょう。

　右利きでは左の大脳が，左利きでは右の大脳が先導しているので，右利きを左利きに直そうとしても無駄です。身体の構造的，生理学的な特徴から，大脳の優位性は発生学的に生じたものであることがわかります。

　ついでながら，トレーバー=ローパー（Trevor-Roper, 1970）が「正真正銘の精神分析的アプローチ」と呼ぶところのものについて言及しようと思います。それによると，内斜視は乳児が母親の乳房に焦点を合わせる必要性から生じたものだと解釈されています。生後3カ月間，赤ん坊が一過性の斜視になるのはよくあることで，同じことが母親の乳房に接したことのない赤ん坊にも見られます。ニューヨーク愛児病院で35年間，母性的養育を剥奪された赤ん坊を数限りなく見てきましたが，彼らも一過性の斜視になります。

志向性と横顔の向き

　右利きが多数派です。左利きのなかには家族性のものもありますが，そうでないこともあります。

　過去には，左利きを直そうとするまわりからの圧力もありました。アメリカにおけるその要因の一つは，円を時計回りに書くことに固執するパーマー法から来ています。時計回りに書くのは右側への移動なので，左利きだと不自然な動きになるのです（もし子どもが両手を同時に動かしなさいと言われたら，右手は時計回りに，左手はその逆回りに動かすことがすぐにわかるでしょう）。

　生まれもった自然の性向への介入は実を結ばず，若い世代では左利き志向が残っています。とはいえ，左利きの頻度はきわめて低く，10％くらいと思われます。

　このことが描画にどのような影響を及ぼすのでしょうか。まず志向性について考えてみましょう。運動性の描画（なぐり描き）とそれに続く表象性の描画との間の違いが重要です。後者では手が目に従うのに比べ，前者は，2，3歳の子どもが円やせんを描いたり，手が描き出したものを見ることに喜びを見

いだす，早期の段階です。

　運動性の描画では，どちらの手を使うかによって円を描くときの方向が異なります。右利きは自然と時計回りに，左利きはその逆回りに描きます。それは，紙の上に描かれた円を調べるだけでなく，手の動きを観察することでわかります。円が終わりに近づくと，クレヨンの筆圧が弱くなるからです。目は手に従います。

　子どもが大きくなるにつれ，絵はますます表象的なものになります。今や，手を先導するのは目です。こうした移行は，子どもが横顔を描くときにもっともはっきりします。横顔を描くときは，描かれたものがよく見えるように，右手が上から下へ逆時計回りに動きます。左手で横顔を描くときは，描かれたものや描いている途中のものがよく見えるように，時計回りに，上から下へ描くようになります。

　いずれの場合も，運動性の段階で見られた自然の志向性，すなわち目が手に従うという志向性が逆転します。そうして表象的な描画では，目が手を先導するのです。結果として，右手で描いた横顔は左を向き，左手で描くと右を向くのです。横顔の80ないし90%のものが左を向くことの説明にもなります。

　わたしの考えでは，利き手が横顔の向きを決めるのです。

絵からわかる利き手

　生後6カ月で，左右差を示す赤ん坊がいます。いつもきまって一方の手でものを取ろうとするからです。それは，最終的にどちらが利き手になるかを予知するものです。わたしの観察によると，左側の緊張性頸反射を示す赤ん坊が，6カ月で好んで左手を使い，15カ月で左手でなぐり描きをするようになり，小児期，青年期，成人期を通して必ず左手で微細運動を行ないました。こうしたことが見られるのは，追跡調査をした何千という子どもたちのうちの一部ですが，あれば特記すべきことです。たいていの子どもたちは5歳になる前に一貫性を失います。

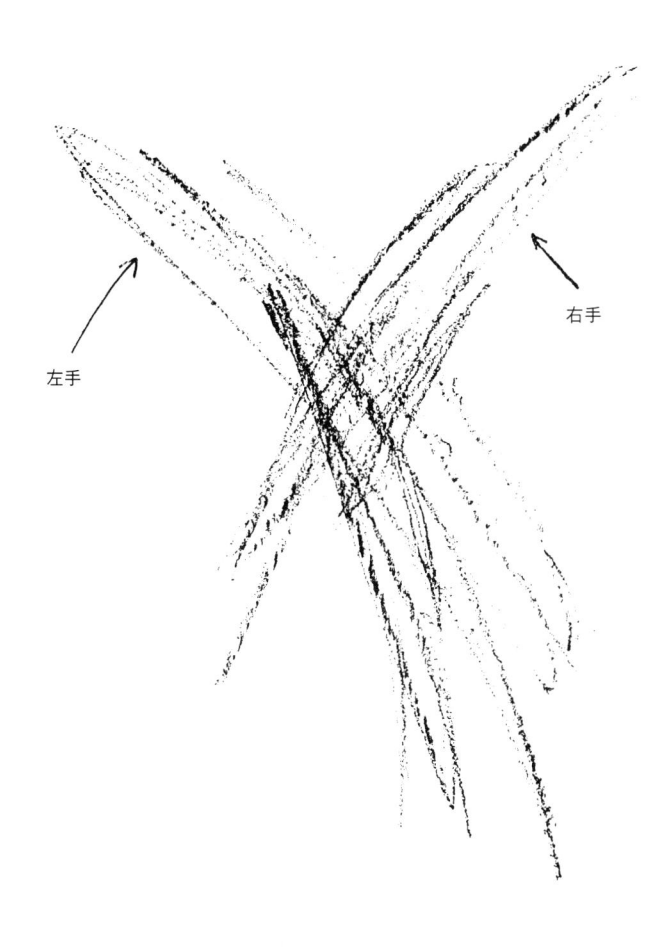

図 85

左手　　　　　　　　　　　　　　　右手

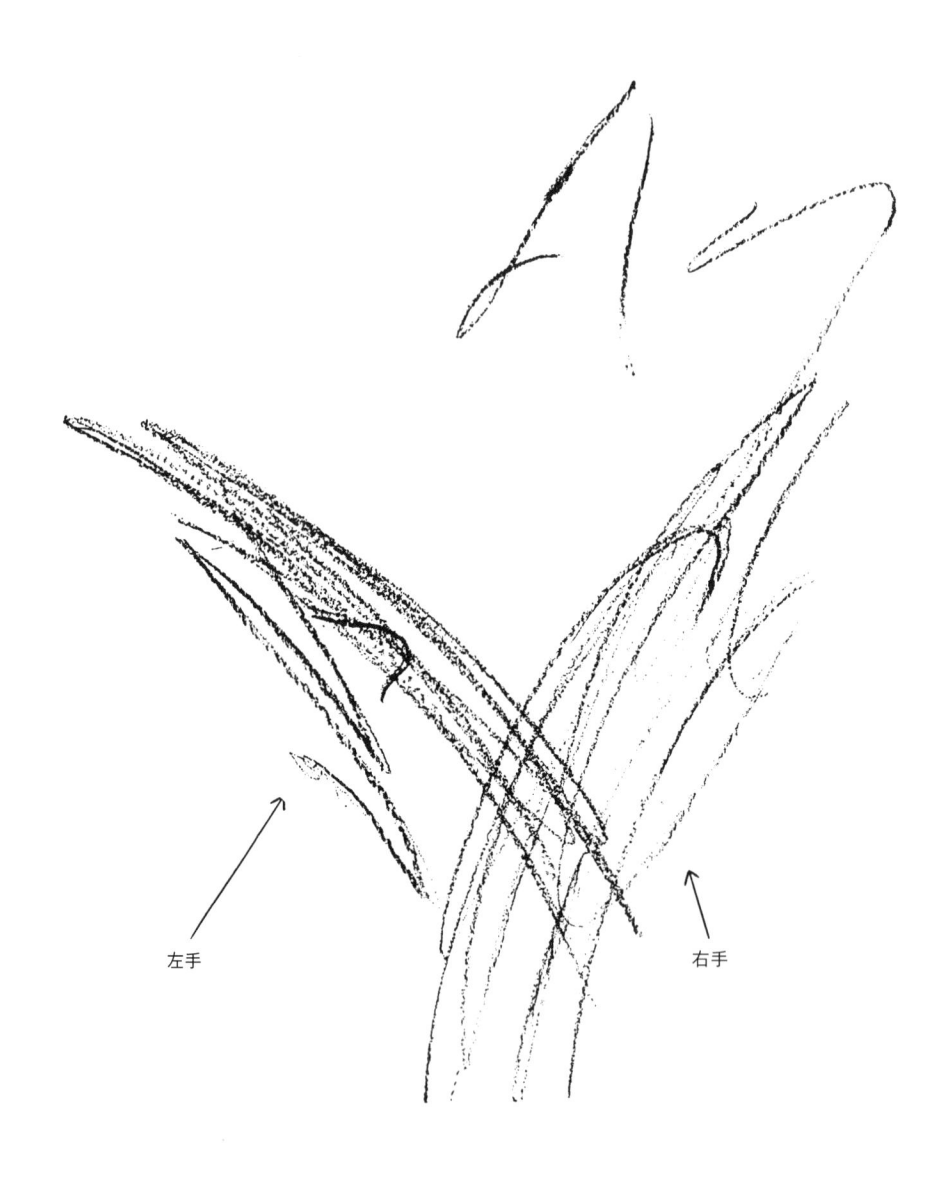

図86
23カ月の女児による運動性の描画。この子は最初に右手で，それから左手に代えて，なぐり描きを描きました。傾斜は使用された手を示しています。

およそ 15 カ月ころ，子どもがなぐり描きを始めるようになると，なぐり描きを右手で描いたのか左手で描いたのかがわかるようになります（図 85，図 86）。斜線からわかるのです。

手の左右差の持続について

図 87 から図 91 までは，聡明な女児の描いた一連の絵です。ごく小さいころに利き手が明らかになり，成人期まで持続します。絵は，19 カ月のときの初期の自発的ななぐり描きから保育所，さらにはちゃんとした絵が描けるようになる低学年までを提示しています。

　19 カ月：左手のなぐり描き
　3 歳 5 カ月：人物画
　4 歳 3 カ月：文字の逆転
　4 歳 10 カ月：いくつかの数字の逆転
　7 歳：父親の絵。右向きの横顔は左利きの人に典型的です。

文字や数字の逆転

これまでの絵（図 87，図 88）は描き手が幼稚園のときのもので，書き始めるときに多くの文字や数字が逆転しています（図 89，図 90）。これは，善意はあっても知識の乏しい教師には仰天すべきことで，脳の機能障害のせいではないことをちゃんと知らせるべきです。左利きの子どもが文字を書き始めるときによくあることです。教師には口出ししないように指導します。後日，自然に文字や数字の書き方を直したり，あるいは偶然に大変美しい左利きの手書きを発展させたりします。

　レオナルド・ダ・ヴィンチは左手で文字を書き，絵の具を塗り，絵を描きました。天才の誉れ高く頂点に立つこのアーティストは，無数の姿勢や方向づけ

図87
J. A. が19カ月のときの絵。自発的ななぐり描きの方向
から,左手で描かれたことがわかります。

図 88
聡明な3歳5カ月の女児 J. A. が描いた人物画。左手で描かれています。頭部を表わす円を，描き始めはクレヨンを押し付けて，描き終わりには手をゆるめて，反時計回りに描いています。

10章　左右差とそれが描画におよぼす影響

図 89
4 歳 3 カ月になった J. A. の絵。彼女は描き始めました。方向は右から左へです。B, R, D, J が逆転しています。丸い部分のある数字や文字は，逆転されやすいようです。2, 3, 6, 9, B, D, R, J, P など。

図90
4歳10カ月のJ. A.の絵。左利きが固定しています。
知的に優れています。

図 91
7歳のJ. A.の絵。頭部は横顔で右を向いています。これは左利きの子どもの描く横顔に典型的です(この絵は,ディ・レオ著『幼児と描画』,1970から拝借したものです)。FATHERということばは,もはや逆転していません。文字を書き始めるときに気をつけるからです。

写真2
レオナルド・ダ・ヴィンチ。頭部についての研究。

をもった人間の形を描くのに，左右等しく熟達したわけではりません。とはいえ，すばやくスケッチする際には頭部が右を向いていることに注目するとおもしろいですね（写真2）。

　左利きの子どもは，その性向に従えば，右向きの横顔を描きます。
　右利きの子どももまた，書き方を学習する際には，左右の方向に難儀します。5歳8カ月の聡明な男児テリーが，2日にわたって人物を描きました。1日目の絵は，文字を逆転して自分の名前を右から左に書きました（図92）。翌日，彼は母親を描き，自分の名前を正しく左から右方向へと書きました（図93）。文字の逆転という点については何も申し上げられないと思います。自然に直ります。テリーは，どちらの方向が良いのおぼろげでした。彼は知的な子どもで脳の機能障害の所見もありません。
　ともあれ，左から右へ読んだり書いたりすることが，逆の方向より自然だということはありません。それは教えられ学習された慣習なのです。ヘブライ語やアラビア語を学んでいる子どもは，右から左へ目を走らせるよう教えられます。
　ほとんどの子どもが左向きの横顔を描くという事実を説明するために，いろいろな解説がなされています。左-右方向に読むことが賞賛されてきました。手でおおわないで絵を描いているときには，目で見る必要性があり，それが一つの要因ではないかと思います。利き手が横顔の方向を決定する重要事項であると確信しています。
　絵の方向性については，今も昔も広く研究されてきました。なかでもゲゼルほか（Gesell, et al., 1974）およびザゾ（Zazzo, 1950）のそれは目を引きます。

右-左

　6歳までに子どもは，右手を左手から区別することができます。どちらかわかるのは，指輪やあざがあるからです。しかし向かい合って座っている人物の

図92
5歳8カ月のテリーの絵。

10章　左右差とそれが描画におよぼす影響

図 93
翌日のテリーの絵。

左右を問われれば，自分自身の右ないし左の側にある手を指すでしょう。

　他者の位置に自分自身を置くことのできる能力は，いわば「ロールプレイ」ですが，7,8歳前には出現しません。それ以前の子どもはきわめて自己中心的で，変換することも，思考とイメージの間の不一致を扱うことも，また保存や可逆性の概念を獲得することもできません。物事は額面通りに受け取られ，鏡像が左右逆転しているとは考えません。

　向かい合った人物の右手を左手から区別することができないのと同じことが，人の写真を見せられたときにも，また自分で人物を描いたときでさえ，認められます。

　視覚的なリアリズムは，アーティストが7,8歳になるまでは普通見られません。それ以降，向いの人物や自分自身の鏡像と同様，写真のなかの人物の左右をすぐさま教えるようになります。

　左利きの子どもたちは，およそ5〜10％いるといわれています。今では多くの子どもたちが，左手で書きたがる自然の性向に反して間違った介入がなされるということがなくなったので，もっと高い数値に傾いています。

　大脳の優位性は疑いようもなく，手の志向からいってもっとも重要性の低いものです。しかし外部の影響が，圧倒的多数をしめる右利きの人たちの一つの要因であったという可能性はまだ残っています。進化や自然の選択，左利きへの偏見が一因だったのです。もちろんこれは，最初は両手利きが一般的であったと仮定すれば，獲得された性質の長期間埋もれていたさまざまな継承物を明るみに出すことになります。

　外面的には，わたしたちは左右対称に作られています。しかし内面は驚くほど非対称です。右胸心はまれな現象です。重篤な機能障害に結びつくような発達異常がなければ，右胸心や臓器の左右逆転など思いもつかないでしょう。左利きはそうではないのです。左利きの人びとは機能的に障害されているわけではありません。数限りない著名な人びとの名前を挙げる必要もないでしょう。彼らは，左目，左手，左足を使って世界を感知しアプローチしましたが，人類の努力の各分野で抜きん出ていました。レオナルド・ダ・ヴィンチからチャー

リー・チャップリンに至るまで，名鑑に載っている人びとは誠に印象的です。

　ドーソン（Dawson, 1977）が報告したエスキモーの調査によると，ほかの民族よりきわめて高率に左利きの人びとがいます。その違いは，エスキモー文化の育児に広くゆきわたった寛容性に関係しています。子どもに従属するよう圧力をかけることは最小限にとどめます。そのうえ，狩猟や漁業によって生計を立てる住民にとって，利き手は問題ではなくなります。エスキモーでは 11.3% という率が報告され，従属がゆきわたる農耕文化の中国における 1.5% とは際立った対照をなしています。

大脳半球の特殊化

　大脳半球のレベルでは，人間の脳は，構造においてと同様機能においても非対称です。しかしこの二重性は絶対的なものではありません。優位脳半球というよりむしろ，オッペンハイマー（Oppenheimer, 1977）の示唆するように，支配脳半球と呼んだ方が適切です。言語表現や空間的な機能において，大脳半球の多様性が示されています。

　左右の大脳半球は，それぞれが独立して機能しているわけではありません。脳梁にある2億もの繊維によって，さらに片側の優位脳に放射している皮質下システムの対称性の統一構造によって，両者は構造的にも機能的にも統合されています。それぞれが補い合っています。

　分離脳についての根拠が，病理学的に，外科的に，そして脳に電気刺激を与えることで，引き出されています。その結果，精神も分離される可能性が示唆されています。

　予後という見地からいえば，幼い子どもではしっかりした機能の局在化が完成していないので，脳の片側あるいは他側への傷害が，大人や5歳以上の子どものように，会話やコントロールの永久的な損失に至ることがありません。だから元気づけられます。小さければ小さいほど，正常な脳による補償機能が期待できます。

利き手と認知スタイル

　認知スタイルとは，思考の内容ではなく思考の枠組みを指すものです。個々人が情報をどのように概念的に組み立て処理するか，その仕方を表わすのにこの用語が用いられます。

　19世紀に，人間の脳の働きは左右非対称であることが立証されました。ブローカ（Broca, 1861）は，左大脳半球の第3脳回に傷があると，心のなかで話す分には支障がなくても，会話を発することができないという重要な発見をしました。こうした事実の上に，環境を読み取る仕方すなわち認知スタイルに及ぼす大脳半球の局在化の影響について，さらなる証拠が集積されています。

　脳外科手術を受けた患者からわかったことは，右大脳が全体的，直観的な仕方で判断を下し，空間機能を専門とすることでした。左大脳は言語能力を専門とし，加えて主として解析的，論理的な仕方で判断を下しています。

　利き手は反対側の大脳半球の支配を受けていますので，利き手と同側の脳の認知スタイルとの間につながりがあるのではないかと推定されています。左利きの人は全体的に判断を下し直観的に反応する傾向をもっていますが，空間機能の面で右利きの人を上回っているといえるでしょうか。右利きの人が左利きの人より論理的で言語能力に優れているといえるでしょうか。レヴィ（Levy, 1977）はこの方面で優れた研究を行ないました。彼は，右脳すなわち言語機能をもたない大脳半球の空間的な専門性と，左脳すなわち会話を受けもつ大脳半球の言語的な専門性を確立しました。彼は機能の左右差が，ヒトではヒト以下の種にはない進化論的発達として存在し，人類を特徴づける高い知的機能における大きな要因であると見なしています。

　ヒトの脳の機能的な非対称性は，認知的な潜在能力をはるかに高めます。個々の大脳半球が別々の働きをもち互恵的に豊かになることで，統合的な適応反応が促進されるのです。

　レヴィ（1969）が示したのは，左利きの人のように，言語的な表現が通常は

言語機能をもたない右大脳半球によって分担されるとき，機能的な左右差の利点が失われるということでした。その結果，右大脳半球に特異的な空間機能がいくらか犠牲になります。利き手が脳の機構の違いを包含しているかどうか決定するために，さらなる研究が進められています。

知覚と認知スタイル

　認知スタイルを知るために，場依存性（field-dependence）か場独立性（field-independence）かを査定するのも一つの方法です（Witkin et al., 1954）。知覚刺激に対する被験者の反応によって，情報を組み立て処理する仕方において自由なのか制約を受けているかがわかります。
　この目的のために考案された検査の主たるものに，棒-枠組みテスト（Rod-and-Frame, RFT）や埋め込み図形テスト（Embedded Figures, EFT）があります。場独立的な被験者は，背景から対象を識別するのに優れ，混乱させるような雑多な刺激のなかでも変わることなく垂直線を知覚しました。場依存的な被験者は，注目せずにはおれないような見当違いの刺激を抑制することができず，注意を集中することができませんでした。
　認知スタイルは，わたしたちが自分自身や外界を知覚するその仕方に影響を及ぼすので，知的な面だけでなくその社会的な態度や行動のなかにも読み取ることができます。

人物画における認知スタイルとボディイメージ

　情報を組み立てる仕方を研究すると，認知スタイルとパーソナリティとの相互関係が明らかになります。場依存性とか場独立性ということは，この相互関係の一つの側面です。知覚のパーソナリティに対する包括的な影響を仮定してウィトキンら（1962）は，青年と学童の人物画を研究しました。その結果，対象をコンテクストから識別する能力と絵に表わされたボディイメージの概念の

間に関係があることがわかりました。

絵は最初，不安や自尊心の表われについて言及したもともとは投影法であるマコーバーの尺度に従って点数がつけられました。さらには心理学者マーレンズ（Marlens）の尺度が，特異な特徴を同定することで，人物が原始的か洗練されているのかを全体的に解釈するのに用いられました。絵の可視的な事柄にもとづいたこの尺度は多くの点で，知的成熟度を評価するグッドイナフ＝ハリス尺度と似ていました。

予測した通り，これらの尺度によって測定されたボディイメージの概念は，RFTやEFTのなかに表わされた場独立性のレベルと正の相関を示しました。これは，われわれが自分自身や外界を知覚する仕方に一貫性があることを物語るものです。

解剖学者や神経学者，精神科医，ほかの研究者や臨床家によると，一つの連鎖関係が見出されます。

1) 空間的，全体的，直観的に知覚する大脳の局在傾向（右脳），あるいは解析的，論理的，理路整然とした傾向（左脳）があり，それが認知スタイルである。
2) 認知スタイルと，外界だけでなく自己に関する概念との相互関係。
3) 自己の概念とパーソナリティが関係しているように，外界とのかかわりにおける自己の概念。
4) 絵に反映されたボディイメージは，パーソナリティの表現上の媒体として有用。

究極的には，構造と機能の間に，すなわち大脳の局在化とパーソナリティの間に相互関係があります。論理的，解析的であるより全体的，直観的に知覚する傾向は，被験者と同様，解釈を与える者にも当てはまります。どちらもが，正確な解釈に資するものです。

要約すると，以下のようになるでしょう。

1) 利き手は生来性のものであって，大脳の左右差を表わす。
2) 利き手は乳児期早期より見られ，初期のなぐり描きにも子どもの表象的な描画にも見いだされる。
3) 横顔の圧倒的多数は左を向いているという驚くべき事実の説明になっている。
4) 矯正しないと左利きが増える。
5) 大脳半球の特殊化は，動物の対称的な脳より便利である。
6) 利き手と認知スタイルは大脳半球の特殊化の表われですが，その相互関係については研究途上にある。
7) 認知スタイルにおける知覚の働きは，場依存性/場独立性（field dependence/independence）を査定することによってわかる。
8) 絵に表わされたボディイメージと場独立性（field-independence）が正の相互関係を示す。

11章
木の絵とパーソナリティ

一般的な考え方

　青年や大人は，人物を描くことに抵抗するか，あるいは早く済ませようとしていい加減に描くかもしれません。そのような作品を，診断的な解釈を下すための表象的な材料と見なすことはできません。

　断固として抵抗したり，しぶしぶ承諾するようなときは，ほかの方法を探します。なかでも，木を描くという教示から，人物画にはなかったような前向きの反応が得られます。人物画の方がより個人的で，いかにも検査という色合いが濃厚なので，青年期につきもののプライバシーを守ろうとするよろいかぶとが堅持されるのです。

　大方のパーソナリティが一本の木やその部分の描き方に投影されるという仮定にもとづき，このテストの使い方や価値に関するおびただしい数の文献が著されました。ヨーロッパでは，バウムテスト（Koch, 1949）として広く使われています。一方，アメリカでは，木がHTP法（House-Tree-Person Test：Buck, 1948）の基本的要素となっています。彼らが，根や幹，樹冠を省略したり強調することに与えた心理学的重要性は，一貫した統計解析に耐えるものではありませんでした。

　マシュートとデメイア（Muschoot & Demeyer, 1974）は，解釈にまつわる主観的要素を減らすために研究を始めました。それは，5歳から17歳の男女各200人の描いた絵を調べた標準化研究です。この発達的アプローチによっ

て，標準と偏差が明らかになりました。統計解析によって，コッホの特色あるサインばかりか，多くの所見がゆるぎないものになったのです。

本書とこれまでの著作を通してわたしが強調してきたことは，偏りを単なる未熟さゆえの省略や特徴から区別するために，発達的な見通しが不可欠だということです。

全体やそのパーツが象徴するもの

ハンマー（Hammer, 1969）は，人物画と木の絵を比べて，各技法から読みとれるパーソナリティのレベルに大きな違いがあることを見いだしました。木はパーソナリティのより基本的でより深い層を引き出し，とくに色を使って木を描いたときは（chromatic）さらに深い層に近づきうると見なしました（彼のいう"achromatic"は鉛筆を，"chromatic"はクレヨンを用いたときに使われました）。

最近では，ボーランダー（Bolander, 1977）がその印象的な仕事のなかで，木のどのような想像的タイプであれ特性であれ，作者のパーソナリティの表現として再現され分析しうるとしています。

これらの精力的な仕事を手短にまとめることはできません。かわりに木の絵を何枚か例示し，短いコメントを添えようと思います。読者には，巻末に挙げた文献をご参照ください。

木の絵を投影法として用いるのは，木が無意識の自己像であるとする仮説にもとづいているからです。木の三つの主たる部分が，パーソナリティの三つの大きな領域を表わしていると信じられています。すなわち，幹が感情生活を，根が本能のそれを，樹冠は知的かつ社会的なそれを。このような仮説は臨床的にも支持されています（たとえば，Bolander, 1977 ; Buck, 1974）。

子どもの描いた木の絵

子どもは大きな幹の木の絵を描くので，感情生活が優位であると見なされます。人物，家，動物，太陽とともに，木はしばしば子どもの自由画のなかに描かれます。概して，7歳頃までは幹が強調して描かれます（ピアジェのいう前操作期）。

一般的な解釈（コッホ，ボーランダー）としては，幹が感情領域を象徴し，幼い子どもは感情のかたまりなので，幹を強調することによってパーソナリティの感情面を投影しているというものです。

幼い子どもの描いた図94，図95は，幹が強調されています。社交的な方の子どもは人物と太陽を追加しました。もう一人の絵には，太陽はあっても，空が曇っていて人がいません。だから抑うつ的だと言われました。7歳男児の描いた図96には，大きな幹と幸福に輝く太陽が見られます。

ふし穴の動物

この愉快な特徴は，児童の描く戸外の景色に見られます。

10歳10カ月女児の描いた図98には，家で飼っているウサギが描かれています。12歳の女児の図99にはリスが描かれています。

二人とも両親といっしょに住んでいます。5年生と7年生で，前思春期です。よく適応しているようです。家でも学校でも行動上特記すべきことはありません。いずれも自由画です。

前思春期の子どもの絵にこうした特徴があったからといって，活発な空想の表現以上の意味を見いだすことはできません。

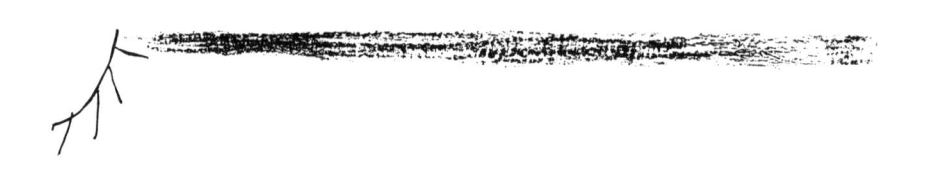

図94
7歳女児の絵。幹が強調されています。

図 95
6歳6カ月のヘレンの描いた絵。幹が強調されています。

11章　木の絵とパーソナリティ

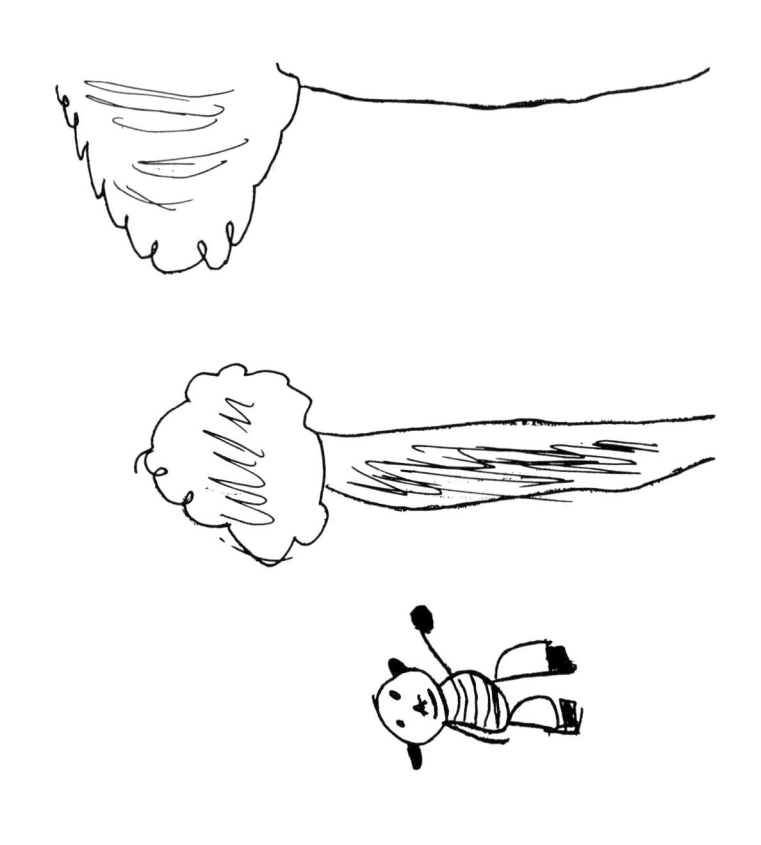

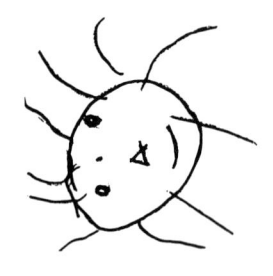

図96 7歳男児の絵。

図 97

10歳11カ月の惨めで引きこもった男児の絵。いさかいの絶えない家庭の犠牲者。濃い陰影づけが見られ，頂と底辺のあたりですっぱり切れているので，本能のエネルギーの抑圧や社会的孤立が見てとれます（封じられた樹冠）。大きなふし穴は外傷体験を示唆するものです。濃い陰影づけは不安です。太い幹によって，窮状に対する彼の感情的な反応が強いものであることがわかります。リンゴは子どもを象徴しています（彼は多くのきょうだいへの強い愛着を失わないでいます）。

マシュートとデメイアによれば，果実は7歳児にもっともよく見られます。果実はたいてい宙ぶらりんのままです。12歳までに，この絵のように，果実に柄がつきます。14歳を超えても果実が描かれたら，子どもっぽいと見なされます。

11章　木の絵とパーソナリティ　173

図98
10歳10カ月の女児の絵。ウサギが
ふし穴から顔をのぞかせています。

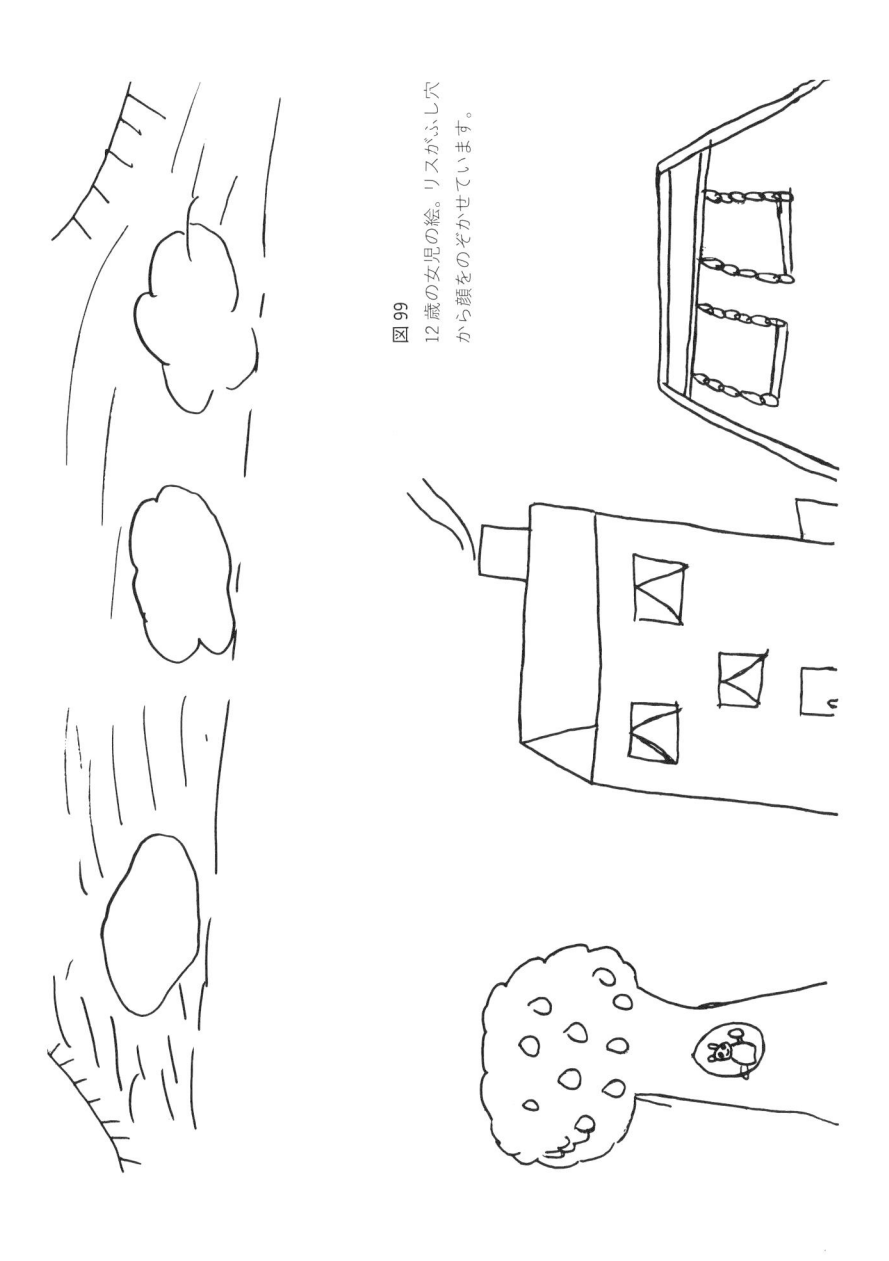

図99
12歳の女児の絵。リスがふし穴から顔をのぞかせています。

11章　木の絵とパーソナリティ

12章
絵に表われた情緒障害

文化的な制約から解放された人びとの絵

わたしたちのなかにも，三つのグループがあります。彼らのアートは，全部とは言えなくても大部分が文化的な制約から解放されているので，正真正銘本物のアートです。

1) 小児はまだ，曇りのない目で物事を見ようとします。
2) 精神発達に遅れのある人びとは，その文化に同一化することができません。
3) 狂人と呼ばれる人びとは，現実に対抗し拒否します（この最後のグループのアートが，自己表現のもっとも純粋な形かもしれません）。

外部環境から順応主義を強いられることがなければ，精神も感覚もその真の姿が投影されます。文化的な制約から解放されると，絵は検査者や治療者に，描き手の個性や特別な興味を見せてくれます。

一般的に言ってこの三つのグループの作品は，対象そのものよりも描き手自身についてより多くを語っています。だからといって，類似点が見つかることはありません。過度の単純化が三つのグループに共通しているように見えますが，こうした考えは誤りです。精神遅滞があって5歳レベルで機能している10歳の子どもは，精神活動でもパーソナリティにおいても正常の5歳とはい

えないのです。子どものように振る舞う退行した大人は，その年齢の子どもと同一ではありません。描き手が違えばそのアートも，同じように見えて違う何かを表現するものでしょうに。

　定量的なものさしを使えば，この三つの得点は同じです。しかし質的な評価のもとでは，違いが浮かび上がってきます。

遅滞のある子どもの絵

　精神遅滞のある7歳の子どもの描いた図100は，洞察力と計画性に欠けています。用紙の空白には1本の手しか入りません。正常の子どもがまず思いつくような口，毛髪，足などのパーツはないがしろにされ，定数以上の手の指が描かれています。

　定量的なものさしによると，この絵は4歳9カ月相当です。大事なことは，この絵が同じ年齢の正常児の絵と大きく異なることです。図101は4歳7カ月の正常児の絵です。違いは根本的に質的なものです。7歳の正常児はこの子のように隅に寄せて描きません。彼は，今から描こうとする用紙によって表わされた環境に，人物をどのように関係づけていくのか，先立つ考えもなしに描き始めています。

　精神遅滞のある子どもは，幼い子どもと同じではありません。違いは程度だけでなく（絵の）性質です。質的な違いは，表現の数など関係なく，本物で実質的なものです。おそらく，もれなく数えるということは不可能です。実情がそうであるように，アートのおかれた現在の状況では，全体的なアプローチが，多くの構成要素からなる一対一の評価より妥当性のある情報を生み出します。

情緒障害のある子どもの絵

　7歳7カ月の男児が描いた図102は，恐怖が目につきます。つり上がった眉

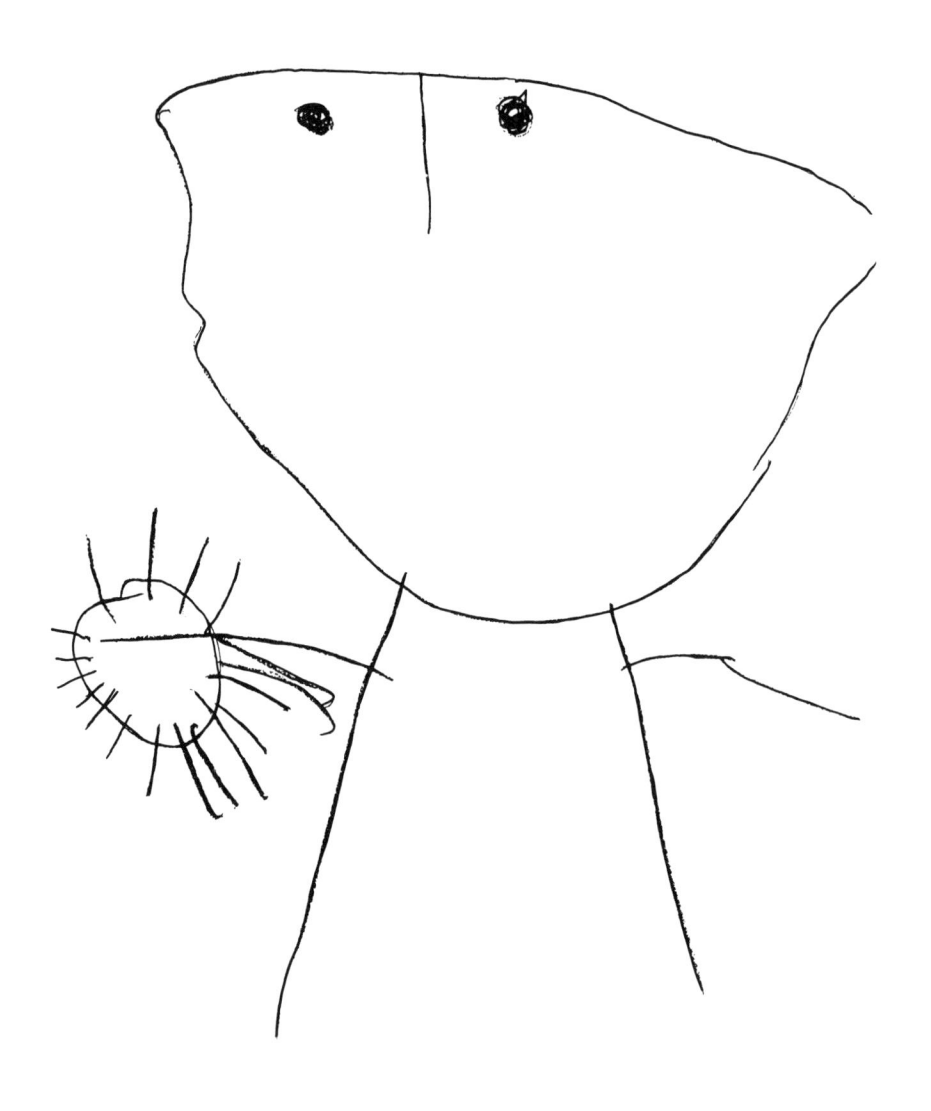

図100
7歳の精神遅滞の子どもの絵。フェニールケトン尿症の治療が遅れ，29カ月に始めました。弟の具合が悪くなったときに，この子の病気もわかりました。

図 101
暦年齢 4 歳 7 カ月。全般的な知能は 99 パーセンタイル
です。

12 章　絵に表われた情緒障害

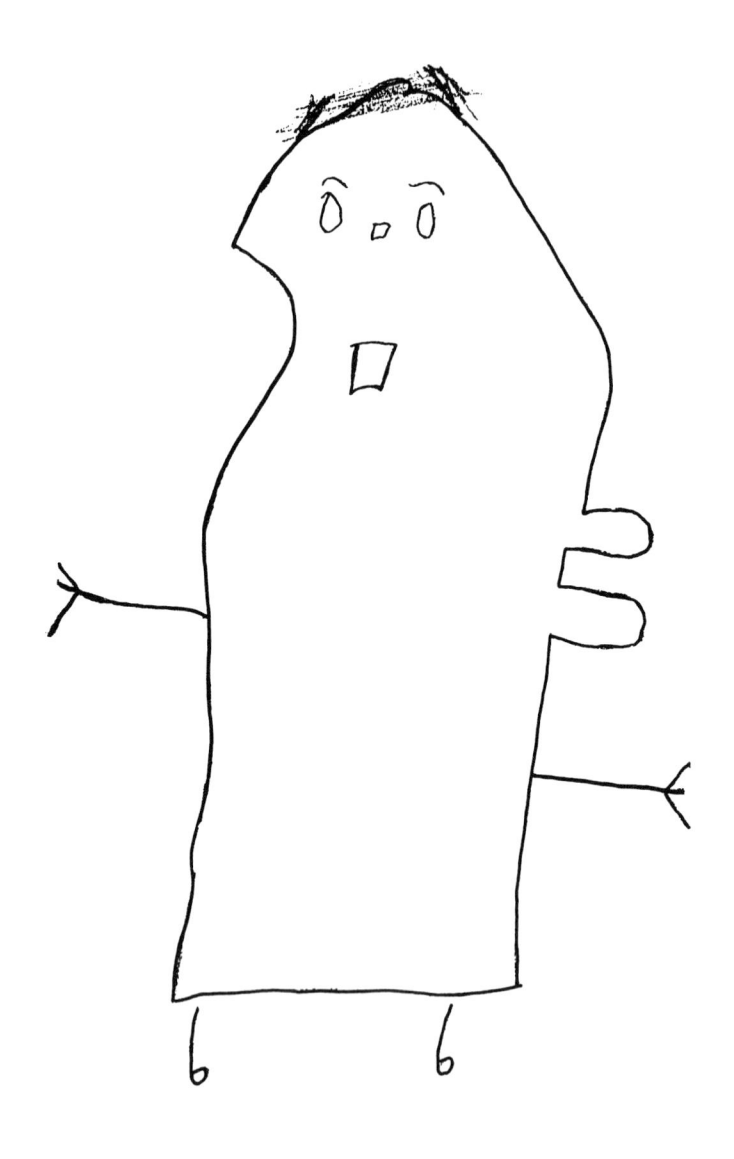

図 102
7歳7カ月の男児の絵。拒食の治療のため入院中です。

図 103
7歳9カ月の子どもの絵。荒荒しい表現に注目してください。世の中に腹を立てています。

毛や小さな四角い口，さらには，ボディイメージを示すための隆起した背骨があります。子どもと両親に面接した限りでは，脊柱に対する興味の由来を明らかにすることができませんでした。二分脊椎もなく指圧療法士に会った記録もありません。

　この絵について言えば，同年齢のほかの子どもの絵と区別しているのは，その質であってパーツの数ではありません。この子は情緒的な障害がありました。拒食の治療のため1カ月入院していました（顔の表情から，エドワード・ムンクの恐ろしい恐怖のイメージ「叫び」を思い起こします）。

　続く3枚の絵（図104，図105，図106）は崩壊家庭の男児のものです。居住型の施設で療育を受けています。時間をおいて描かれたこれらの絵は，両親が"何か"をごみ箱に捨てるという，一風変わったテーマを繰り返し扱っています。

　担当の精神科医は，"何か"とは彼の拒否されているという気持ちを象徴していると考えています。すなわち彼は，捨てられる物なのです。このテーマが繰り返されるということは，この子の精神に深く印象づけられているからです。7歳1カ月，7歳4カ月，8歳と続きで描かれました。

エロスと死

　さらに続く3枚の絵（図107，図108，図109）は9歳9カ月の男児のものです。家庭内の緊張の高まりが漂っています。両親のあからさまな性生活には，男性の暴力と女性の黙認が交代しています。

　この絵から，彼が性役割をどう受け止めているかということと，不幸な状況下でどう反応しているかがわかります。自己像には怒りが表出されています。すなわち歯を強調して攻撃性を，大きな耳は関係念慮を表わしています。全体から受ける印象は敵意です。

「太陽」(曇っています)

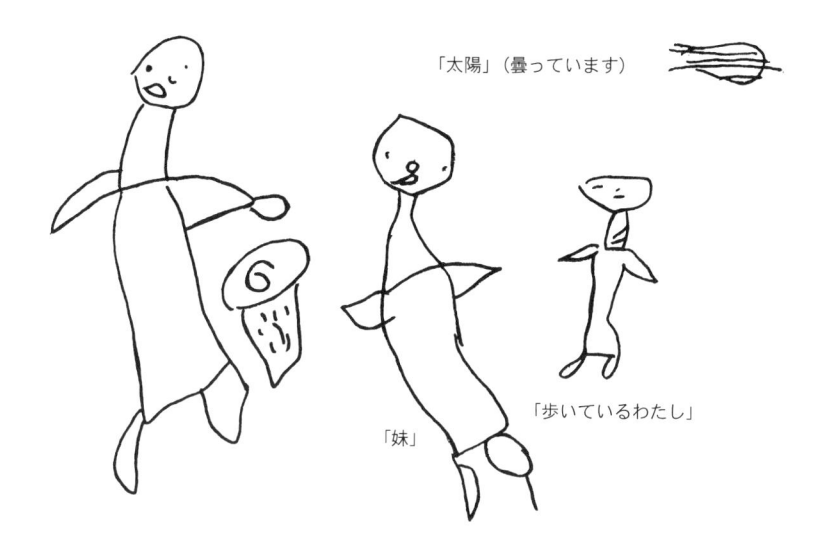

「妹」　「歩いているわたし」

図 104
7 歳 1 カ月の男児 R. B. の動的家族画。「お母さんがごみ
箱に何かを捨てています」。検査者「何を捨てているの」。
子ども（ためらいがちに）「紙を」。
「太陽」(曇っています)。「妹」。「歩いているわたし」。

12 章　絵に表われた情緒障害

ごみ箱に何かを捨てているお父さん

お母さん

離れたところにいる僕

図105

7歳4カ月の男児R. B.の動的家族画。お父さんがごみ箱に何かを捨てています。僕は離れたところにいます。

ごみ箱に何かを捨てているお母さん

ヨーヨーで遊んでいる妹

図 106
8 歳の男児 R. B. の動的家族画。
「ヨーヨーで遊んでいる妹」。
「お母さんがごみ箱に何かを捨てています」。

12 章　絵に表われた情緒障害

図107
9歳9カ月男児の絵。力。

図 108
9 歳 9 カ月男児の絵。誘惑。

図 109
9歳9カ月男児の自己像。怒り，攻撃性，疑心。

創造性，狂気，子どものアート

並はずれた想像的洞察力や直観的知覚に恵まれた人びとは，自分をその時代や社会から切り離してしまうといわれます。文化的な平衡を保つための境界線を越えてしまうのは，彼らの運命です。歴史は，風変わりで社会適応が悪く危険とさえ見なされた人びと，彼らは後の世でようやく評価されるのですが，そうした人びとで満ち満ちています。ソクラテス，レオナルド・ダ・ヴィンチ，ガリレオ，そして現代ではファン・ゴッホが遅れて高い評価を受けています。

科学やアートの領域で発揮された才能は，理解されることに挑み続けます。文化の外側にいると狂っている（病気）と見なされますので，彼らの才能も狂気に関連づけられるのです。ファン・ゴッホは，このような見方を傍証します。彼のもっとも優れた作品のいくつかは，進行性に退廃していた時期に一致しています。オーベルでの最後の時期，彼の作品には感情の高揚と極度のメランコリーが色濃く反映しています。彼の辞世の作（『カラスのいる麦畑』）は，吹きすさぶ麦畑をおおう暗く不穏な空を舞う不気味なカラスを予言的に描いています。この激しくも憂うつな情景を完成した後で，彼はピストル自殺をしたのでした。

フロイトは，レオナルド・ダ・ヴィンチとそのアートを精神分析によって説明しようと試みました。ハーバート・リード卿は，アートの本質的な要素は不合理性と直観にあると考えました。すなわち，創造的な相にあるアーティストは，時間を超越し，直観的で生き生きとした実在の大なべから取ってきた材料を，表面に浮かび上がらせるのだと見なしました。その瞬間アーティストは，自我，超自我そして文化の制約から解放されます。それはこう解釈されます。緊張の高まりのなかですばやく仕事をこなす，そうしたアーティストにもっと適していると。このタイプのアーティストの際立った例がファン・ゴッホです。彼はわき目も振らず大量に描きました。800枚とも900枚ともいわれる彼の作品は，最後の10年間のものです。風景画でさえも自画像に変わりました。

彼の自画像は，見る者をして作品が作られたその時期の高揚した気分を体験せしめます。

　対照的なのが，時間をかけ多数のスケッチを描いて後に初めて絵筆を取った，レオナルド・ダ・ヴィンチです。「最後の晩餐」を仕上げるのに3年かかりました。注文主である修道士が狼狽し抗議しましたが，彼は平然としていました。フロイトのレオナルドに関する分析に疑いの目を向ける向きもありますが，彼の研究と古今すべての伝記が明らかにしているのは，この並はずれて才能あるアーティスト・科学者は思慮深く衝動的な人物ではなかったということです。長い人生においてわずか1ダースの絵を仕上げただけですが，しかも大部分は未完成でした。どの時期においても，彼が知的防御をはずして感情の赴くままに動くということはありませんでした。性行為でさえ，愛らしい顔と肉感的なしぐさで誘惑しようとする計略であると見なし，冷めた目で距離を置きました。

　心理学者フランク・バロン (Frank Barron) は，MMPI（ミネソタ多面人格目録）を用いて各界の創造的な人びとのパーソナリティを研究し，精神分裂病尺度で分裂病とランクされた創造的人物が，分裂病者では評点が低くなる自我の強さを表わす尺度で，顕著な違いを見せたと発表しました。こうした所見に光を当てれば，創造性を発揮している個人と精神病者には根本的な違いがあり，前者では狂気がコントロールされているということになります。

　幼い子どものアートもまた文化的制約を受けていないので，疎外された大人のそれと比較されてきました。似ているのは，直観的，感情的な力が優勢なところです。この比較は誤っています。双方とも，真の空想生活が生き生きとしています。しかし本書の終わりの方で言及されるように，類似性が見られるのは，大人の精神障害が退行しつつあるときです。精神の障害が固定してくると，その作品も幼い子どものそれとは本質的に似ても似つかぬものになります。

退行した絵と正常な子どもの未熟な絵を比較して

　分裂病性葛藤の早期の段階あるいは退行期の絵は，表面的には幼い子どものそれに似ています。しかしながら注意深く調べると，類似性は錯覚であることがわかります。前知識なしに一瞥すると，ときとして，精神障害者の絵を子どもの描いたものと見誤ってしまいます。双方とも一次思考優勢と考えても不思議はありません。精神障害者も前操作期にある子どもも，きわめて主観的で，感覚に染め上げられ，空想がみなぎって，文化的・論理的制約から大方解放されたような見方をします。結果として人物画は図式的で，描き手が必要最低限と見なすものに限られてきます。身体の釣り合いは非現実的で，線形の遠近法をまったく無視し，重要と思われるものを不釣合いに大きく描きます。大人がそんな絵を描いたら，「奇妙だ」と言うでしょう。子どもが描いたら，大人の標準に照らし合わせて「誤り」になります。多くの伝統的な大人が享受し損なっていることですが，疎外された大人と同様潜伏期前の子どもは，モデルよりも自分自身についてたくさんのことを語りかけています。

　幼い子どもでは，そのような特性が発達段階を示します。絵の描き方に特殊なシステムがあるとしたら，それは認知発達の各段階に相当します（Di Leo, 1970, 1977）。精神的に病んだ者が同じような特徴を示せば，パーソナリティ本来のものの見方，思考，感覚を表現しようという努力の表われです。こうして，外部からの印象が耐えがたく驚くほど流入することのないように試みるのです。

　妥当性のある解釈を下すには発達的な見方が必須です。ある年齢で正常であっても別の年齢では異常性が高くなります。正常の子どもは潜伏期が近づくにつれ，一次思考から二次思考へ，不合理的から論理的へ，自己中心性から客観性へ，快感原則から現実原則へと進みます。創造的な精神は一次過程を利用しやすいのですが，二次思考過程もコントロール下に置きます（Arieti, 1976）。

Art Brut（アート・ブルート）[1]

分裂病が進行し精神病的な構造が固まるにつれ，意識的な二次過程が侵入し，精神病者に特有のアート形式が生起します。文化によって正当と認められ，博物館や美術館で公衆の賞賛を浴びるために展示されているアートには写しがありません。この「アウトサイダー・アート」の作者はきわめて個性的で，非順応主義です。ジーン・デュビュッフェ（Jean Dubuffet）はこれを「Art Brut」と呼び，わたしたちが尊敬してきたアートよりはるかに偉大な才能の真の表現であると見なしました。

　ごく個人的に見れば個々の作者は狂人なのですが，そこには客観的な現実からは得られないバランス・秩序・安定性を保つ世界を創造しようとする努力が通底していることがわかります。正気とは分裂病者が拒否する狂気かもしれません。そうであっても，精神病者の後期の段階のアート作品は，おびただしい数の形式や幾何学的な様式，繰り返しに満ち，その半分相当が入念に再現されたペルシャ絨毯の，込み入って対称的で手の込んだパターンに似ているようです。対称性ということに心を奪われているのでしょうか。あるいは困惑した世界のカオスに耐えられなくて，退却しようとしているのでしょうか。

　Art Brut でよくあることは，群集割拠するべく空間をことごとく小さな人物で埋め尽くすことです。空白への恐怖を示唆するかのようです。

　Art Brut は子どものアートとも，精神が侵される前のアーティストによるアートとも似ても似つかぬものです。それはそれ自体で生のアートです。二次過程が侵入していますが，パーソナリティの深層から生起する空想や不合理性をコントロールすることができません。

---

1) これまで，精神障害者の作品がアートと見なされることはなかった。文化的なアートとのつながりを欠いたその種のアートを，フランスの画家ジーン・ディビュッフェは「Art Brut」（生のアート）と呼んだ。1945 年スイスへ赴いたディビュッフェは，ワルドーの精神病院でヴェルフリら分裂病者の作品を目にし，社会的・文化的制約から解き放たれその独創性に印象づけられたのだった。

精神障害者によるアートは，精神保健の専門家を永遠に魅了し続けています。描き方と精神障害の特性とを結びつけようという試みは，同僚ばかりか精神病と診断された人びとのアート作品に心惹かれたアーティストからさえも，価値がないものとして拒否されてきました。ジーン・デュビュッフェは，狂人のアートについての見解に遠慮なく異議を唱えています。テヴォ（Thévoz, 1976）は精神障害者のアート作品に診断的価値を認めていません。彼は，20世紀初頭の心理学者たちの用いたクライテリアにもとづき，ピカソ，エルンスト，クレーらが種々の病理性を示すと主張しています。

　Art Brutは並々ならぬ想像性や空想を表明するものである，という点については否定しようがありません。デュビュッフェは，膝にけがをした人のアートにまさる狂人のアートはないという声明を出しましたが，疎外された人びとの手になるアートの収集家であり熱心な擁護者でした。空想をコントロールできる人びとのアートとは異なっています。その違いは肥沃な研究領域です。とはいえ，全体的な見方をするにしても，幻想的な世界について並外れた洞察を備えた者たちの見解を考慮に入れなければなりません。

　幼い子どもの描く絵に見られる際だった特徴は，人物画をその本質的要素，すなわち，頭部，目，口，鼻，上肢，下肢などに還元することです。単純ではあっても，見る者はその絵が人を表象していることがちゃんとわかります。

　同じように精神障害者は，精細がなく感覚の欠如した人物画を描いて，その本質的要素にまでしぼります。先述したように，幼い子どもは発達的に技巧と成熟度が不足しているので，精神障害者の現実逃避と見間違うことはありません。絵は非常に似通っていますが，心理学的には二つの表現は別の世界です。

　分裂病者はその経過と共存することを学習するので，芸術的な表現もまたその疾病分類に特有の形式を担います。念入りなデザイン，高度な形式化，対称性，装飾的な特徴にあふれたパターンから，幻想的な世界がアーティストのコントロール下にあることが示唆されます。作品を調べてみると，アーティストの幼年時代の出来事に関連して構成された小さな要素の，その象徴的な性質が明らかになります。子どものアートには，このタイプのアートはありません。

現実世界に有意味に反応している人びとの作品にもありません。

　個性のもっとも純粋な表現について述べてきたことを図式化するために，精神障害をもった一人のアーティストの絵を選びました。彼は前もってトレーニングを受けたわけではありませんが，35歳のときに際立った仕方で絵を描き始め，精神病院で35年間過ごす間に膨大な量の作品を仕上げました。

　最終的には精神的・肉体的苦痛が芸術的な表現のなかで癒されるのですが，負の家族性及び生物学的影響，剥奪，ネグレクト，罪悪感と狂気の連続，そして融合をはっきり示したものとして，アドルフ・ヴェルフリ（Adolf Wölfli, 自称聖アドルフ二世）の詳細な個人史にまさるものはどこにも見当たりません（現実生活では農夫，雑役夫，出かせぎ労働者として働き，後には，その勾留期間に作家，製図工，アーティスト，作曲家になりました）。

　ごく基礎的でしばしば中断されることになった初等教育を受けつつも，ほんの子どもだったヴェルフリは，はした仕事で生活費をかせぐよう強いられ，ネグレクト・遺棄され，次々里子に出され，非現実的で愛情あふれた良い母親イメージに強く愛着していました。そのようなことにもかかわらず彼は，アートの世界から目覚しい注目を浴びるような感嘆すべき絵を生み出したのでした。

　子ども時代のみじめさが，青年期の性的衝動がもたらす罪悪感によって増幅されました。女性の両親によって突然中断させられることになった恋愛沙汰に続いて，強い抑うつが起こりました。精神的荒廃が進んでいることが女児への婦女暴行からわかります。一人は14歳で，そして7歳でした。こうしたことから2年間勾留されましたが，最終的には3歳の子どもへの性的虐待で頂点に達し，情緒障害のための養護施設に拘束されることになったのです。そこで，66歳でがんで死亡するまでの35年間を過ごしました。

　作品を仕上げるために，積み上げれば2メートルもの高さになる膨大な数の鉛筆を消費しながら，彼が生き生きと絵を描き始めたのは，ワルドー病院でのこうした年月でした。幻想的でつかの間の価値を付した作品を，彼は嫉妬深く貯め込んでいました。死亡時，葬送曲はまだ完成していませんでした。

　アートと精神障害との関係を研究するうえでの魅力的な素材は，その恐ろし

写真 3
アドルフ・ヴェルフリ。「巨大都市,反響」(1917)。バーゼル芸術博物館,エングレーヴィング（彫刻銅板画）陳列室,1964.80 に所蔵。

いほどの量ではなく，感嘆すべき作品の芸術的レベルと心理学的意味です。精神の深奥から立ち上がるイメージと，抑圧され無意識的に苦しめる力を解放することによって得られるカタルシスや治療的効果です。絵の背面にはしばしば，神聖なインスピレーションによる作品である等の説明を，注意深く書き入れていました。

　アーティストや精神科医，作家たちがヴェルフリの現象を研究してきました。彼の作品は，ヨーロッパ全土でまたアメリカのいくつかの都市で展示発表されています。写真3より，ふるえるほどに興奮する想像性，象徴性，対称への没頭，さらには彼の主治医である精神科医モルゲンターラーが「(絵画の)空白残し恐怖症」(アーティストをして個々の空間を小さな「ヴォルゲリ」や強迫的に繰り返される紋切り型のモチーフで埋め尽くせしめる)と呼ぶものについての考えがめぐらされることでしょう(「ヴォルゲリ」とは人間の顔と翼をもった小さな鳥です)。

絵から分裂病のサブタイプを区別しうるか

　予備知識がなくても，人物画から精神病性か否かを見分けることができます。この二つの異なったカテゴリーだけでなく，ある臨床家は分裂病のサブタイプを区別する特徴も見いだしました。ケイ(Kay, 1978)は，分裂病でも遅滞のある者とない者とでは人物画に顕著な違いがあると報告しました。遅滞のある者は知的な異常を，細部を省くことや大きさや場所の誤りとして表わしました。遅滞のない者の絵は，欠落よりも異常性を表現します。遅滞のない分裂病者のなかでもパラノイアは，奇妙さが際立っています。このグループに幻覚が多いことを考えれば，驚くほどのことではありません。興味深いことに，初期の分裂病者には知覚上の混乱があり，人を描くように言われてしばしば死んだような人物を描きます。明らかにこうした所見は，この線に沿ったさらなる研究を刺激します。これまで見てきた違いはすべて，ある特殊な細部からではなく，絵を全体的に眺めることによって得られるものです。

13章
落し穴

描画行動における矛盾

　6歳2カ月になる聡明な女の子が母親を描きましたが，歯がありません（図110）。次に父親を描いたのですが，歯があります（図111）。歯は攻撃性の象徴であると信じられているので，この子は父親の方が攻撃的だと受け止めていると結論づけることもできます。

　しかし後の方で，母親の別のイメージを描くかもしれません（図112）。もとの絵とのほかの違い（長髪，直毛，両方のまつげ，首）を別にすれば，この絵には父親と同じような歯があります。とりわけ子どもの絵を見るときに頭に入れておかなければならないのは，こうした矛盾です。

　首尾一貫しているように見える特徴は，子どもの概念のなかで統合されたものです。ほかの矛盾しているように見える特徴は，統合途上にあります。解釈におけるこの落し穴は，何枚かの絵を調べて後に結論を出すことにすれば避けられます。幼い子どもでは用心に越したことはありません。

細部への過度のこだわり

　7章にて，細部にこだわるといかに誤りを犯すかを論じてきました。繰り返しますが，細部が重要性をもつのは，同様な細部がほかにあるとき，さらにある特別な細部が全体の印象と一致するときです。

図110
6歳2カ月の女児の絵。

Father is

図111
6歳2カ月の女児の絵。

図112
6歳2カ月の女児が描いた「お母さん」。

環境要因を評価することに失敗すると……

10歳2カ月のウィルは木を描くように言われて、クリスマスツリーを描きました（図113）。11歳5カ月のスチュアートもまた木を描くように言われて、クリスマスツリーを描きました（図114）。しかしここには重要な違いがあります。ウィルは12月23日に、スチュアートは4月30日に描きました。

明らかにウィルは目の前に迫った祝祭から影響を受けています。一方スチュアートは季節はずれです。ウィルは単にうきうきするクリスマス休暇に反応しただけですが、スチュアートは願望や、言ってみれば過去のクリスマスの思い出を表現しています。

外的な要因の重要性を示すもう一つの例が11章にあります。冬に実のならない木を描くのと夏に描くのとでは、重要性においてもシンボルの面から言っても違いがあります。

診断にあたって絵を過大視するのは……

知性やパーソナリティを評価する際に、絵が重要な働きをします。特に言語的コミュニケーションが障害されたり抑制を受けている場合には、必要欠くべからざるものとなります。絵があまりにも明確に語るようなときには、実証可能なほかのものを必要としなくなります。ときにはこういうことも事実としてはあるのですが、注意して見れば、絵は常に包括的な評価手順の一つに過ぎないということがわかります。絵がどの程度役に立つかは人によって違います。深奥を明らかにすることもあれば、あいまいで矛盾していることだってあります。

深刻な障害をもつ子どもたちが「奇妙で」（もっと適切なことばがほしいところですが）、それとわからず、統合性に乏しく、身体のパーツがばらばらで、まとまりを欠いた人物像を描くことについては、大方の同意が得られていま

図 113
12 月 23 日にウィルが描いた絵。

図 114
4 月 30 日にスチュアートが描いた絵。

13 章 落し穴

図 115
身体のパーツがばらばらです。

す。図 115 はそれにぴったりの絵です。同年齢のほかの子どもたちの絵とは異なっています。4 歳 8 カ月のエレインが年齢相応のパーツを備えた人物を描きました。グッドイナフ＝ハリスによる評定も含めて発達評価をしたところ，ちょうど標準的な精神作用のように見えた印象が確かなものになりました。しかし身体のパーツがばらばらなので，パーソナリティの統合性に欠けるようです。この絵から受ける印象と，社交的で安心感があり人なつっこいといわれる彼女の行動とは食い違っています。絵が異常なのであって，子どもが異常なのではありません。

　学齢に達してもパーツを全体に統合することに失敗するようなら，病理的な意味合いをもちます。

遍在する性シンボル

　夢やアートのなかで表象される無数のさまざまな性シンボルは，本人にとってより重要なほかの素材をおおいかくしてしまうことがあります。

　男根的とか女性的と言い習わされた性シンボル抜きに，主体を描き出すことはできません。ステッキ，傘，ナイフ，拳銃，飛行機，魚，ヘビ，さらに手足さえもその片割れをもっています。たとえば，洞穴，箱，船，家，部屋，ストーブ，さらに紙や本です。このようなものが環境にも絵のなかにも至るところに偏在するので，シンボルに目を奪われてしまうと，夢を紡ぎ絵を描いたパーソナリティを置き去りにしてしまって，混乱きわまりなくなります。

　無意識の生活を表わす多くの物や行動の重要性を否定することはできません。しかし子どもたちの作品を見る限り，生き生きとした想像力や念入りに仕上げようという性向によって，その象徴性が青年や大人の描く絵ほどには明らかに性的とは言えない多数の事物を包含することがわかります。

　一例として，10 歳の聡明なパトリシアの絵（図 116）を挙げようと思います。生き生きとした想像力に表現の機会を与えようとしているのでしょうか，あるいは男根的なシンボル（魚，潜望鏡）の海に沈まないようにもがいている

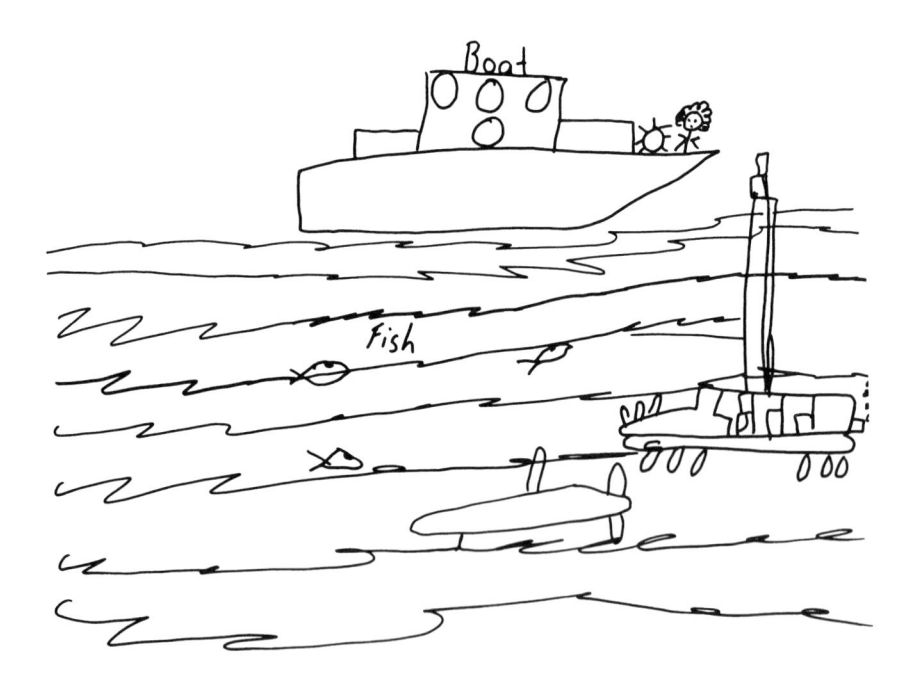

図 116
10 歳のパトリシアの絵。

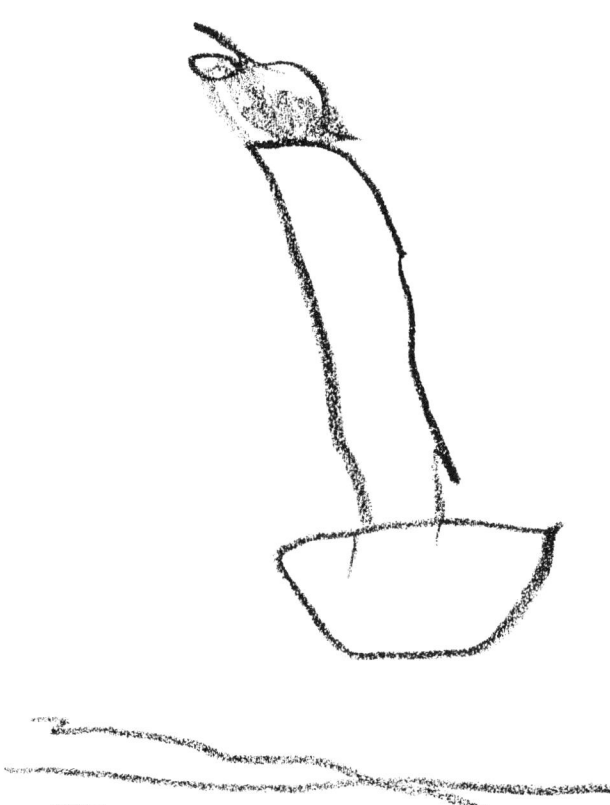

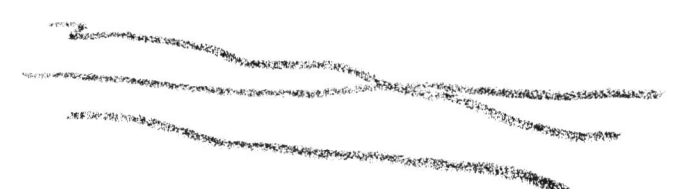

図 117
形はどうであれ,男根のシンボルだとは思いません。
描き手は 2 歳 9 カ月の幼児ですから。彼女はこれが帆を
立てたボートだと言い,わたしもそれを信じます。

のでしょうか。この子は前思春期で潜伏期にあり，特に問題もなく適応のよい4年生です。精神分析用語を用いてこの絵を解釈したいという強い誘惑に駆られます。それはたぶん，間近に迫る脅威の無意識の表現であると。しかしながらこの絵を単独で解釈すべきではありません。この子の現在と将来の行動，さらにはこれまでのパーソナリティに関連づけるべきです。

逐一機械的に解釈することについて

このような単純作業が行なわれていますが行きすぎです。個性を無視したチェックリストが作られています。頭部，目，鼻，口，腕，生殖器が，特に強調されたり小さく描かれたり省略されていたりすると，絵のなかの非常に重要なシンボルの一つになります。同じことが，大きさ，姿勢，陰影づけ，線の性質，配置など絵の形式や構造にも当てはまります。機械的なアプローチは誤りを犯すだけです。妥当性のある解釈は，投影された材料を作者である個人に関連づけることなくして，また作品と作者が有能な検査者によって評価されるのでなければ，達成されません。

個々の事項を包含し，相互関係と全体のテーマとの関連を視野に入れた全体的なアプローチは，診断するうえで役立ちます。絵全体から伝わる第一印象はどのようなものでしょう。いろいろな事項を確認したのちには，絵がどのように見えてくるでしょう。二つの知覚が一致しますか。

シンボルを解釈することは，厳密な規則で統制しうるようなことではありません。シンボルは普遍的ですが，その意味は個人的なものです。絵から新たな洞察が得られるかもしれません。すでに知っていることを確かなものにしてくれます。そのコンテクストからはずれれば，誤ります。

14章
平和教育におけるアートの役割

アートは世界共通の言語を話す

> 「視覚的なものであれ,言語であれ,音楽であろうと,アートなくして世界はジャングルのままである」。　　バーナード・ベレンソン[1]

　人類に分裂的で退廃的な負の引力が降りかかる最中に,アートは無用であっても希望として現れ出でました。時空間の制約を超えてアートは,わたしたちの動物としての性質と基本的なところでせめぎ合い,さらには着想や感覚を分かち合うことで,世界共通の言語を話します。
　視覚アート,音楽,舞踊,そして話し言葉や書き言葉によるアートは,万人に訴えることで,人類を相互に分離する巧妙な障壁を取り払うことに貢献しました。

視覚アートの独自性

　種々のアートが共通してもつ効果は耕し高めるところにありますが,個々のアートが同じ方法をとるわけではありません。
　音楽や舞踊,演劇,書物は,時間の流れのなかでそのメッセージを伝えてい

---

1)　バーナード・ベレンソン (Bernard Berenson)：リトアニア生まれの美術評論家。ハーヴァード大学に学び,イタリア・ルネッサンス美術の第一人者となる。

きますので，過ぎ去った記憶に頼って意味を紡ぎます。

　一方，視覚アートは，その概念的，感情的内容を一度に提供します。色，形，空間上の関係，内容が同時に提示されます。今ここで考慮中の動作にその意味を与えるのに，ほかのアート表現では必須事項である，それまでの流れを必要としません。

　すべてのアートのなかでも音楽だけは，強く即時的に感情を搔き立てる力をもっています。文学は，ダンテの作ったパオロやフランチェスカの物語にみるように，感情や願望をゆさぶり思考に影響を及ぼします。しかしその作用はとりとめがなく，読んでいる最中に背骨がうずくこともありません。舞踊もまた，若い恋人たちの悲劇的な運命を前に涙するかもしれませんが，それでもこの最終効果はそれまでの展開を知ってのうえでのことです。

音楽と視覚アート

　音楽と視覚アートにはもう一つ顕著な相違があります。
　演奏ばかりか作曲に関しても子どもが目覚しい能力を発揮する例が，多数詳細に報告されています。こうした天賦の才を授かったもののうち，もっともよく知られているのがモーツァルトです。
　しかし視覚アートでは，そうした現象を確認することができません。まことに，子ども時代に目覚しい才能を発揮したジオット (Giotto)，チマブエ (Cimabue) などの物語があります。しかしどこに才能の芽生えが表われているのでしょう。
　このような物語は，画家に傾倒した伝記作家によって作られたという証拠が挙がっています。子どもたちが音楽家，作家，オーケストラの指揮者として到達するものに比べれば，描いたり，絵の具を塗ったり，粘土で造形するのは，芸術的な取柄のなかの一つだけではなしえない仕事です。重要な違いがあるとしたら，それは何に由来するのでしょう。
　二つの本質的に異なった芸術的表現様式を扱っているのだと思います。視覚

図118
8歳7カ月のビルが描いた「歌う家族」。

14章　平和教育におけるアートの役割

アートに熟練するには知的発達を待たねばなりません。彩色においては彫刻同様，構想をもっていることが媒体に習熟し表現につなげていくうえでの基本的要素になります。ミケランジェロはこの間のことを，一つの短詩のなかでうまく述べています。

　　最高のアーティストが抱いているのは単一の構想ではなく，一塊の大理石自体に内包されているわけでもありません。知性に従う手のみが到達しうるものです。

それに引き換え音楽では，感覚が吹きすさびます。音楽の魅力や効果は本質的に感情的なものです。子どもでは感情が未発達の知性に優ります。青年期になって知的成熟を身につけるずっと前に，感覚は高度に発達します。

創造性の発揚（覚書）

アフリカやポリネシアの彫刻などと比較して，テヴォ（Thévoz, 1976）は，現代は子どものアートに熱中するあまり，図式的に表現するプロセスを遅らせているのではないかと心配しています。

「原始」のアートは，偉大なアートの内側に迎え入れられることで，そのほとんどのインスピレーションを失いました。アーティストが商業アートや旅行産業に応えることで，偉大なアートと同等に高く評価すべき形式が大量生産されています。

大人は幼い子どもの知恵を過小評価しています。無分別で行き過ぎた賞賛は，子どもにそのレベルにとどまった紋切り型の複製を作らせるだけです。こうして自分で試すことがなくなり，進展を遅らせます。大人による干渉を避けるべく，前書で繰り返し警告してきました。大人は良かれと思っていても，問いかけ，示唆，過度の賞賛が子どもを損なっていることに気づかないのです（Di Leo, 1970）。

テヴォは，精神病者でさえ，念入りに「気ちがいじみたアート」を製作しては，Art Brut に付された価値に応えるとほのめかしています。同時に，安定剤を長期に服用した後には，彼らの創造的な能力に陰りが見えると嘆いています。

15章
思い起こすことなど

　終章では，貧困，病，虐待，投獄，遺棄にうちひしがれた家庭の子どもたちが描いた97枚の人物画を見ていこうと思います。子どもたちは修復された家庭や養家に戻らず，一時的に集団生活を送っています。みんな潜伏期の子どもたちばかりです。

　うち57枚の人物像が小さく，模写され，紋切り型であったため，相互の区別がつきにくかったという事実に，まず印象づけられました（図119）。22枚は用紙の下端に家族のメンバーを描いています。男児の描いたもののなかにはマッチ棒人間が目立っていました。一方女児は，小さくはあっても，もっと完成された人物を描いています（図120）。サイズが小さかったり人物が貧弱だったりするのは，用紙の下端を支えにするのと同じく，安心感のなさとボディイメージの貧しさを表わすものであると，広く解釈されています。

　42枚の動的家族画のうち27枚において，たとえ片親であっても（1例を除いてすべて母親ですが）両親が描かれています。42枚のうち36枚にきょうだいが描かれ，同胞への愛着が読み取れます。子どもたちは両親と離れて暮らしていますが，明らかに両親が子どもたちの心のなかに入り込んでいます。しかし，それ以上とは言わなくて同じくらい同胞が，困難な状況における連帯意識の源泉となっていることもわかります。

　ただ一人，怒りをつのらせた子どもが，きっぱりとかたくなに家族を描くことを拒否しました。

　それに比して，4歳8カ月のジェインが描いた図121は対照的です。この子

図 119
8歳のチャールズの絵。二人の姉妹が描かれていますが，両親はいません。

15章　思い起こすことなど

図 120
12 歳のアナベレの絵。

図 121
4 歳 3 カ月のジェインの絵。

は両親そろってよく機能している家庭に育ったので，愛しみ目をかけられ知的な刺激を受けています。楽しい家庭の情景であり，装いをこらした大きな人物が自由闊達に描かれています。すべてが生き生きとした空想や生きる喜び，解き放たれた精神の表現です。

家庭的-文化的-社会的要因をどの程度好ましいものにしうるかに相応して，精神障害や行動上の問題への予防効果が上がります。家庭生活の崩壊は不適応や不幸の舞台を用意します。

子どもたちが絵のなかでわたしたちに語っているのは，自分自身についてどう感じているか，生涯における決定的影響について，すなわち両親をどれほど必要としているかということでした。さらにまた，きょうだいをも必要としているということでした。里子に出すときは，きょうだいいっしょにすべきです。家庭崩壊の影響について長年わたしたちが身近に感じてきたことを，これらの絵は確かなものにしてくれます。同じ里親のもとに血のつながった6人の子どもを収容することは至難の技です。ともあれ，別々の収容が実現可能な唯一の道であっても，つながりは残しておくべきです。

通常の状態では競争し闘争しさえするきょうだいたちも，逆境に直面すると結束します。

わたしの描画へのアプローチは，概して臨床に根ざしたものでした。読者には絵の読み方を伝えようとしてきました。今日理解されているように，描画という主題が科学だと言っているわけではありません。科学という用語が受け入れられるのは，原語の意味においてだけです。

描画研究を科学にまで昇格しようとする試みは賞賛に値すべきものですが，説得力がありません。そこから引き出された結論や考案された評価システムが妥当かどうかということについては，疑問が残ります。

母親の再婚に怒りをつのらせ行動化に走った男児が，同居している実母と新しい父親を描くかわりに，実夫と自分がいっしょにいるところを描いたとしても，100例の同様なケースに対し何が必要だと言えるのでしょうか。

妥当性や信頼性，客観性は優れて望ましい目標ではありますが，物事の核心

に至るためのもう一つの道筋もあるのです。これまで見てきたように，子どものアートを一つの理論的枠組みなかで解釈しようとすると，過度の単純化に終始します。

　単一のアプローチよりもっと生産的だと思われるのは，ヒトの行動における限りない多様性への理解を助けるような原理に則った折衷主義です。統計研究は，ほかの行動上の表われと同様に，描画に見られる類似や傾向を明らかにするうえで価値があります。しかしながら，身体医学では上首尾このうえない科学的調査という方法をとったところで，二人として同じではないので，ある個人をほかの個人と区別するようなパーソナリティの深遠に到達することはできません。

　個々人の行動上の違いを研究することは，ヒトの多様性に集約するような原理の重要性を考慮に入れて初めて生産的だといえます。そうした折衷主義的アプローチは神経生理学や一般にいう心理学，とりわけ精神分析学，教育学，芸術にもとづくものです。そうであったとしても，このようにして得られた知識は複雑な人の現実のほんの一部に過ぎません。多面的なアプローチは，文化的圧制，すなわち「夢から知識を分裂させるような」（Eiseley, 1978）圧迫にかたくなに抵抗しようとするわれわれのなかの子どもに残された唯一の道です。

　絵全体から受ける第一印象を見失わないようにとのマコーバーの警告にもかかわらず，記号やシンボル，特定の指標，とりわけ彼女が同定した指標の妥当性を決定する目的で，夥しい数の研究が行なわれました。全体の特徴が意味するものを捉えることを目的にするなら，その研究はより生産的だと思います。記号も特定の指標も，いくつか組み合わせて同じ方向を目指すなら，隠された部分をより明らかにします。それではいくつ？　量ではなく質を数えるのです。犯罪の決定的証拠のように，あるものはほかよりあからさまです。検査者の判断は不可欠です。機械が有効に人間の肩代わりができるとは思えません。

　解釈とは基本的に主観的な作業にとどまります。読者はわたしの解釈に異議を唱えるかもしれません。独断的な解釈というより，読者と対話をする心持ちで提供しました。

各章は一つの単位であり，かつ全体を統合するパーツであるよう努めました (e pluribus unum：多数の単位からなる統一体)。冗長にではなく明快であろうとする努力が実らなかった部分もありますが，ご承知いただけるものと信じています。

　最後に，着想が欲するところでは常にふさわしいことばが見いだされるというゲーテの金言を心に留めつつ，わたしのジャーゴンを使用することを回避し，専門性と組みしてきたことを添えたいと思います。

付録
——絵の解釈：手順について——

(a) 全体の印象（全体観的な見方）

主題の選択が自由裁量にまかせられているか
与えられたトピックか

全体として楽しい趣か
不快な趣か

記憶から引き出されたものか
漫画の模写あるいは模倣か

自由かつ大胆に描かれているか
小さくて用紙の下端に位置している，あるいは中心から離れている

念入りに描かれているか
制限されているか

豊かな空想
貧弱な内容

人物画（D-A-P）テストで最初に同性を描いたか
異性を描いたか

家族のなかから自己やほかの誰かを除外したか
全員が描かれているか

過度の陰影づけ
絵を立体的に見せるための「技巧」としての陰影づけ

静止した人物
動きのある人物

正面
横顔

まとまりのある人物
ばらばらの人物

対称性
　完全な対称性を求めているか
　まったく無視しているか

描線の性質
　とぎれとぎれ
　連続線

筆圧
　かろうじて見える程度
　きちっと描かれている
　用紙に穴があくほど強い筆圧

速さ
　急速かつ無頓着
　腹が立つほど緩慢

雰囲気
　平穏
　荒れ狂う

統合
　秩序正しい
　混沌

構成
　単純
　複雑

(b)　内容（個々の分析）

人物画
　頭部
　　巨大
　　不釣合いに小さい

　目
　　大きい
　　小さい
　　瞳孔がない
　　瞳孔がある

口
　欠如ないし強調
　おしゃれな口か最小限の表現か

上腕
　大きく筋肉質
　欠損しているかマッチ棒のように描かれている

下肢
　2本以上
　左右が離れているかくっついているか

股
　過度に注意を向けているか削除しているか
　陰影をつけ，手で隠している

胴体
　欠損あるいは小さく，頭部より矮小
　強調され，臓器や臍が見える

鼻
　欠損あるいは小さい
　大きく，鼻孔が見える

耳
　目立つ
　欠損

頭髪
　豊かで，ときつけられている
　なぐり描き
　乏しく，欠如している

指
　5本あるいは数が多いか欠損しているか
　棒状あるいはかぎづめ型

胸部
　強調され，引き締まっている，あるいは垂れている
　欠如

外陰部
　ほのめかされてる
　明示され，誇張されている
　明らかに無視されている
　隠蔽されている

歯
　大きく尖っている
　見えない

衣服
　適切
　場違い
　職業や仕事がわかる
　ほとんど欠如している
　宝石で飾り立てられている

文　献

ALBERTI, L. B. *I Libri della Famiglia.* Translation by R. N. Watkins. Columbia, S. C.: University of South Carolina Press, 1969.
AMES, L. B. and ILG, F. L. The Gesell Incomplete Man Test as a measure of developmental status. *Genet. Psychol. Monog.,* 1965, 68:247–307.
ANASTASI, A. and FOLEY, J. P., JR. An analysis of spontaneous drawings by children in different cultures. *Jour. Appl. Psychol.,* 1936, 20:689–726.
ARIETI, S. *Creativity: The Magic Synthesis.* New York: Basic Books, 1976.
ARNHEIM, R. *Art and Visual Perception.* Berkeley and Los Angeles: University of California Press, 1964.
Arts, Education and Americans Panel. *Coming to our Senses.* New York: McGraw-Hill, 1977.
BARRON, F. The creative personality: Akin to madness. *Psychol. Today,* July 1972.
BENDER, L. The creative process in psycho-pathological art. *The Arts in Psychotherapy,* 1981, Vol. 8, No. 1.
BENDER, L. and WOLFSON, W. Q. The nautical theme in the art and fantasy of children. *Amer. J. Orthopsychiat.,* 1943, 13:436–467.
BERENSON, B. *Italian Painters of the Renaissance* (Preface). London: Phaidon, 1952.
BLAND, J. C. *Art of the Young Child.* New York: Museum of Modern Art, 1968.
BOLANDER, K. *Assessing Personality Through Tree Drawings.* New York: Basic Books, 1977.
BONINO, S., FONZI, A., and SAGLIONE, G. Sulla funzione dello spazio personale. *Età Evolutiva,* 1978, No. 1.
BRITSCH, G. *Theorie der Bildenen Kunst.* Munich: F. Bruckmann, 1926.
BROCA, P. Remarques sur la siège de la faculté de language articulé. Paris: *Bull. Soc. Anat.,* 1861, Sér.2,6:330–357.
BRUMBACK, R. A. Characteristics of the Inside-of-the-Body Test performed by normal school children. *Perceptual and Motor Skills,* 1977, 44:703–708.
BUCK, J. N. The H-T-P Test. *J. Clin. Psychol.,* 1948, 4:151–159.
BUCK, J. N. *The House-Tree-Person (H-T-P) Manual Supplement.* 4th printing. Beverly Hills, CA: Western Psychological Services, 1974.
BUDDHA. *Enciclopedia dell'Arte Antica.* Treccani. Roma: Istituto Poligrafico dell Stato, 1959.
BURNS, R. C. and KAUFMAN, S. H. *Kinetic Family Drawings (K-F-D): An Introduction to Understanding Children through Kinetic Drawings.* New York: Brunner/Mazel, 1970.
BURNS, R. C. and KAUFMAN, S. H. *Actions, Styles and Symbols in Kinetic Family Drawings.* New York: Brunner/Mazel, 1972.
CARDINAL, R. *Outsider Art.* New York: Praeger, 1972.

CHARBONNIER, G. *Conversations with Claude Lévi-Strauss.* London: Cape Editions, 1969.
CLAPARÈDE, E. *Psychologie de l'Enfant et Pédagogie Experimentale.* Paris: Delachaux et Nestlé, 1946.
CLARK, K. *The Drawings of Leonardo da Vinci.* 2nd ed. London: Phaidon, 1968.
COOMARASWAMY, A. K. *Elements of Buddhist Iconography.* Cambridge, MA: Harvard University Press, 1935.
COUSINS, N. Editorial. *Saturday Review,* Feb. 1981.
CRELIN, E. S. *Functional Anatomy of the Newborn.* New Haven: Yale University Press, 1973.
D'AMICO, V. Questions and answers about teaching art. In *Child Art: The Beginnings of Self-affirmation* (H. P. Lewis, Ed.). Berkeley: Diablo Press, 1973.
DAWSON, J. L. M. B. An anthropological perspective on the evolution and lateralization of the brain. In *Annals of New York Academy of Sciences.* New York: Vol. 299, 1977.
DÉCARIE, T. GOUIN. *Intelligence and Affectivity in Early Childhood.* New York: International Universities Press, 1965.
DENNIS, W. *Group Values through Children's Drawings.* New York: J. Wiley, 1966.
DESPERT, J. L. *The Inner Voices of Children.* New York: Simon and Schuster, 1973.
DI LEO, J. H. *Young Children and their Drawings.* New York: Brunner/Mazel, 1970.
DI LEO, J. H. *Children's Drawings as Diagnostic Aids.* New York: Brunner/Mazel, 1973.
DI LEO, J. H. *Child Development: Analysis and Synthesis.* New York: Brunner/Mazel, 1977.
DI LEO, J. H. Graphic activity of young children: Development and creativity. In *Art: Basic for Young Children.* (L. Lasky and R. Mukerji, Eds.) Washington: National Association for Education of Young Children, 1980.
ENG, H. *The Psychology of Children's Drawings.* (2nd ed.) London: Routledge and Kegan Paul, 1954.
EISELEY, L. *The Star Thrower.* New York: Times Books, 1978.
EISNER, E. W. Building curricula for art education. In *Aesthetics and Problems of Education* (R. A. Smith, ed.). Urbana, IL: University of Illinois Press, 1971.
ERIKSON, E. H. *Childhood and Society.* New York: Norton, 1950.
FRAIBERG, S. H. *The Magic Years.* New York: Scribner's, 1959.
FREEMAN, N. How young children try to plan drawings. In *The Child's Representation of the World* (G. Butterworth, Ed.). New York: Plenum Press, 1977.
FREUD, A. *Normality and Pathology in Childhood.* New York: International Universities Press, 1965.
FREUD, S. *A General Introduction to Psychoanalysis.* New York: Doubleday, Garden City, 1943.
FREUD, S. *The Interpretation of Dreams.* New York: Basic Books, 1958.
GARDNER, H. *The Arts and Human Development.* New York: J. Wiley, 1973.
GARDNER, H. *Artful Scribbles.* New York: Basic Books, 1980.
GESELL, A. and AMATRUDA, C. S. *Developmental Diagnosis.* New York: Paul B. Hoeber, 1941.
GESELL, A., ILG, F. L., and AMES, L. B. *Infant and Child in the Culture of Today.* New York: Harper and Row, 1974.
GIANI GALLINO, T. *Il Complesso di Laio: I Rapporti Famigliari nei Disegni dei Ragazzi.* Torino: Einaudi, 1977.

GOMBRICH, E. H. *Art and Illusion.* Princeton: Princeton University Press, 1972.
GOODENOUGH, F. L. *Measurement of Intelligence by Drawings.* New York: World Book Co., 1926.
GRIFFITH, A. V. and PEYMAN, D. A. R. Eye-ear emphasis in the draw-a-person test as indicating ideas of reference. In *Handbook of Projective Techniques* (B. L. Murstein, Ed.). New York: Basic Books, 1965.
GRIFFITHS, R. *A Study of Imagination in Early Childhood.* London: Routledge and Kegan Paul, 1946.
GUARDO, C. J. Personal space in children. *Child Devel.,* 1969, 40:143–151.
HAITH, M. M., MOORE, M. J., and BERGMAN, T. Eye contact and face scanning in early infancy. *Science,* 1977, 198:853–855.
HALBREICH, U. Drawings of cephalopodes by schizophrenic patients, and their meaning. In *Art Psychotherapy,* 1979, 6:18–23.
HAMMER, E. F. *The Clinical Application of Projective Drawings.* Springfield, IL: Charles C Thomas, 1967.
HAMMER, E. F. Hierarchical organization of personality and the H-T-P achromatic and chromatic. In *Advances in the House-Tree-Person Technique: Variations and Applications* (J. N. Buck and E. F. Hammer, Eds.). Los Angeles: Western Psychol. Services, 1969.
HARRIS, D. B. *Children's Drawings as Measures of Intellectual Maturity.* New York: Harcourt, Brace and World, 1963.
HARRIS, D. B., ROBERTS, J., and PINDER, G. D. *Intellectual Maturity of Children as Measured by the Goodenough-Harris Drawing Test.* National Center for Health Statistics. Series II, No. 105. Washington, D.C.: U.S. Dept. of Health, Education, and Welfare, December 1970.
HAUSER, S. T. *Black and White Identity Formation.* New York: Wiley-Interscience, 1971.
HESS, E. H. *Imprinting.* New York: Van Nostrand Reinhold, 1973.
HOROWITZ, B. L., LEWIS, H., and LUCA, M. *Understanding Children's Art for Better Teaching.* (2nd ed.) Columbus, OH: C. E. Merrill, 1973.
HUTT, C. Cerebral asymmetry and hemispheric specialization: Some implications of sex differences. In *International J. Behavioral Devel.,* 2(1):73–87, Amsterdam, March 1979.
HUXLEY, A. *The Human Situation.* New York: Harper and Row, 1977.
HUXLEY, J. Introduction to Teilhard de Chardin's *The Phenomenon of Man.* New York: Harper and Row, 1961.
JOHNSON, J. H. Note on the validity of Machover's indicators of anxiety. *Perceptual and Motor Skills,* August 1971, 33(1):126.
JOURDAIN, F. L'art et l'enfant. *Le Point. Revue Artistique et Litteraire,* 9–19. Mulhouse, France, Juillet 1953.
JUNG, C. G. *Man and His Symbols.* New York: Doubleday, 1964.
JUNG, C. G. *Analytical Psychology: Its Theory and Practice.* London: Routledge and Kegan Paul, 1968.
KARP, S. A. and MARLENS, H. Field dependence in relation to miniature toys play. Unpublished study.
KATZAROFF, M. D. Qu'est-ce que les enfants dessinent? *Arch. de Psychologie,* 1909–1910, 9:125–233.

KAY, P. Psychoanalytic theory of development in childhood and preadolescence. In *Handbook of Child Psycho-analysis* (B. B. Wolman, Ed.). New York: Van Nostrand Reinhold, 1972.

KAY, S. R. Qualitative differences in human figure drawings according to schizophrenic subtype. *Perceptual and Motor Skills,* 1978, 47:923–932.

KELLOG, R. and O'DELL, S. *The Psychology of Children's Art.* New York: Random House, 1967.

KERSCHENSTEINER, D. G. *Die Entwicklung der Zeichnerischen Begabung.* Munich: Gerber, 1905.

KLEE, F. *Paul Klee.* Zurich: Diogenes, 1963.

KLEPSCH, M. and LOGIE, L. *Children Draw and Tell.* New York: Brunner/Mazel, 1982.

KOCH, K. *Der Baumtest.* Bern: H. Huber, 1949.

LANSING, K. M. *Art, Artists and Art Education.* New York: McGraw-Hill, 1969.

LEVINSTEIN, S. *Kinderzeichnungen bis zum 14 Lebensjahr.* Leipzig: R. Voigtlander Verlag, 1905.

LEVY, J. Possible basis for the evolution of lateral specialization of the human brain. *Nature,* 1969, 224:614–615.

LEVY, J. The mammalian brain and the adaptive advantage of cerebral asymmetry. *Annals of New York Academy of Sciences.* Vol. 229, 1977.

LEWIS, H. P. (Ed.) *Child Art: The Beginnings of Self-affirmation.* Berkeley: Diablo Press, 1973.

LOWENFELD, V. and BRITTAIN, W. L. *Creative and Mental Growth.* New York: Macmillan, 1975.

LUQUET, G. H. *Les Dessins d'un Enfant: Étude Psychologique.* Paris: Librairie Felix Alcan, 1913.

MACHOVER, K. *Personality Projection in the Drawing of the Human Figure.* Springfield, IL: Charles C Thomas, 1949.

MAITLAND, L. What children draw to please themselves. *Inland Educator,* 1895, Vol. 1.

MCHUGH, A. F. Children's figure drawings in neurotic and conduct disturbances. *J. Clin. Psychol.,* 1966, 22:219–221.

MISHIMA, Y. *Spring Snow.* New York: A. A. Knopf, 1972.

MONEY, J., HAMPSON, J. G., and HAMPSON, J. L. Imprinting and the establishment of gender-role. *Arch. Neurol. and Psychiat.,* 1957, 77:333.

MÜHLE, G. *Entwicklungspsychologie des Zeichnerischen Gestaltens.* Munich: J. A. Barth, 1955.

MORINO ABBELE, F. *Interpretazioni Psicologiche del Disegno Infantile.* Firenze: Edizioni OS, 1970.

MUSCHOOT, F. and DEMEYER, W. *Le Teste du Dessin d'un Arbre.* Brussels: Editest, 1974.

NAUMBERG, M. Studies of the "free" art expression of behavior problem children and adolescents as a means of diagnosis and therapy. *Nerv. Mental Dis. Monograph,* No. 71. New York: Coolidge Foundation, 1947.

OPPENHEIMER, J. M. Studies of brain asymmetry: Historical perspective. In Evolution and lateralization of the Brain (S. J. Diamond and D. A. Blizard, Eds.). *Annals of New York Academy of Sciences.* New York: Vol. 299:4–18, 1977.

ORNSTEIN, R. *The Psychology of Consciousness.* San Francisco: W. H. Freeman, 1975.

PARTRIDGE, L. Children's drawings of men and women. *Studies in Education* (E. Barnes, Ed.). 1902, 2:163–179.

PETRARCA, F. *Canzoniere.* CVI. Novara: I.G.D.A., 1962.

PIAGET, J. *The Construction of Reality in the Child.* New York: Basic Books, 1954.

PIAGET, J. *The Language and Thought of the Child.* Cleveland: World Publ. Co., 1955.
PIAGET, J. and INHELDER, B. *Mental Imagery in the Child.* New York: Basic Books, 1971.
PROUST, M. *Swann's Way* and *Within a Budding Grove.* New York: Vintage Books, 1970.
PRUDHOMMEAU, N. *Le Dessin de l'Enfant.* Paris: Presse Universitaire de France, 1947.
PULASKI, A. S. *Understanding Piaget.* New York: Harper and Row, 1971.
READ, H. *Art and Society.* New York: Schocken Books, 1966.
RICCI, C. *L'Arte dei Bambini.* Bologna: Zanichelli, 1887.
ROBBINS, A. and SIBLEY, L. B. *Creative Art Therapy.* New York: Brunner/Mazel, 1976.
RORSCHACH, H. *Psychodiagnostics.* Bern: Verlag Hans Huber, 1942.
RUSSELL, E. R. Measurement of intelligence by means of children's drawings. *Amer. J. Art Therapy,* July 1979, Vol. 18.
SCHILDER, P. *The Image and Appearance of the Human Body.* New York: International Universities Press, 1950.
SCOTT, J. P. The process of primary socialization in canine and human infants. *Soc. Research Ch. Devel.,* 1963, Monograph No. 85, Vol. 28.
SOMMER, R. *Personal Space.* Englewood Cliffs, N.J.: Prentice-Hall, 1969.
SHAKESPEARE, W. *The Tempest.* Act II, Scene 1.
STENT, G. Thinking about seeing. *The Sciences,* May/June 1980, Vol. 20, No. 5.
STRATTON, L. C., TEKIPPE, D. J., and FLICK. G. L. Personal space and self-concept. *Sociometry,* 1973, 36(3):424–429.
SWENSON, C. H. Empirical evaluation of human figure drawings: 1957–1966. *Psychol. Bull.,* 1968, 70:20–24.
TAYLOR, I. A. The nature of the creative process. In *Creativity—An Examination of the Creative Process* (P. Smith, Ed.). New York: Hastings House, 1959.
THÉVOZ, M. *Art Brut.* New York: Rizzoli, 1976.
TREVOR-ROPER, P. *The World through Stunted Sight.* New York: Bobbs-Merrill, 1970.
U.S. Department of Health, Education and Welfare. Central processing dysfunction in children: A review of research. *NINDS Monograph* No. 9, 1969.
WINNICOTT, D. W. *Therapeutic Consultations in Child Psychiatry.* New York: Basic Books, 1971.
WITKIN, H. A., LEWIS, H. B., HERTZMAN, M., MACHOVER, K., MEISSNER, P. E., and WAPNER, S. *Personality through Perception.* New York: Harper, 1954.
WITKIN, H. A., DYK, R. B., FATERSON, H. F., GOODENOUGH, D. R., and KARP, S. A. *Psychological Differentiation.* New York: J. Wiley, 1962.
WOLFF, W. The personality of the preschool child. New York: Grune and Stratton, 1946.
WÖLFLI, A. *Catalogue of Works by Adolf Wölfli* (B. Spoerri and J. Glaesemer, Eds.). Berne: Adolf Wölfli Foundation, Museum Fine Arts, 1976.
ZAZZO, R. Le geste graphique et la structuration de l'espace. *Enfance,* 1950, 3–4:202–240.
ZAZZO, R. La genèse de la conscience de soi. *Psychologie de la Connaissance de Soi.* Paris: P.U.F., 1975.

訳者あとがき

「子どものように描きたい」ピカソ

　幼い子どもは社会的・文化的制約から解き放たれ，心の赴くままに筆を走らせます。とりわけ就学前の子どもたち，すなわち表現主義あるいは知的リアリズムと呼ばれる段階の子どもたちは，実際に見えるようにではなく自分が知っているように，すなわち心の眼で見た世界を主観的に描きます。それは，歩けば月がついてくるといった，外界を自分の側に引き寄せた自己中心的な見方です。本文7章の4歳のポールの話は，就学前の子どもの自己中心性をよく物語っています。「ポールが母親といっしょにセントラルパークを歩いていました。そのとき彼の目は，こちらに向かってくる一人の歩行者に惹きつけられました。関心をもったポールは母親を振り返りたずねました，『ママ，あの子はお母さんといっしょじゃなくてこわくないの？』。彼は大人の小人に興味をもったのでした」。目の前の人物が自分と同じ大きさなので，てっきり子どもだと思い込み，自分と重ね合わせて一人で大丈夫かと心配してしまったお話ですね。

　口絵のピカソの絵は，デッサンをしている息子クロードを妻のフランソワーズと娘パロマが見つめているところです。印象的なのは，亡霊のように透明に描かれ，暗雲のごとく子どもたちの上におおいかぶさるフランソワーズです。子どもたちの表情にはある種の生真面目さがうかがわれます。何人目かの妻であるフランソワーズとピカソはこの時期破綻しており，別居しています。不在の妻をそこに存在しているかのごとく描きだし，描画の発達からいえば知的リアリズムの段階を——もちろん意図的にでしょうが——示しています。子どもたちの表情には両親の不和が影を落としているようです。

わたしはつねづねピカソの絵を前にして，正直で無邪気な人だという印象を受けていました。普通なら隠したいと思うようなことでも率直に絵で表現してしまうのですから，もちろん並々ならぬ技巧が現実を上回るわけですが，不思議に共感させられてしまうのです。ディ・レオはシリーズで出版した自分の著作の扉を毎回センスあふれる楽しい絵で飾っています。たとえば，キューピットが絵を描いているほほえましい光景や中世の子どもがキャンバスに向かっている絵，あるいは『絵にみる子どもの発達』（白川佳代子・石川元訳，誠信書房）のように絵の具でお絵かきを楽しむ子どもの写真です。

　本書はディ・レオ最晩年の著作ですが，ここに至ってピカソのいくらか深刻な絵を挿入したのはなぜかという疑問がわきます。本書が主として潜伏期の子どもの絵を扱っているということと関係しているように思えてなりません。何にもとらわれることなく無邪気で奔放に描きたい（生きたい）というピカソの心情が，潜伏期の子どもたちの水面下の気持ちにもつながっているということを，ディ・レオは示したかったのではないでしょうか。

　幼児期に郷愁を覚えるのはピカソ一人ではありません。わたしたち大人もまた，社会的なしがらみのなかで，child mind（「子ども心」あるいは「子どもの魂」と訳せばよいのでしょうか）をなつかしく思います。だから幼い子どもを見ていとおしく思い，またピカソのように childlike なアーティストに共感するのかもしれません。小児科医になって 27 年たった今でも，なぜ小児科医になったのかという月並みな質問を受けることがあります。子どもが好きだからということもあるかもしれませんが，子どもがそばで泣こうが騒ごうが苦痛じゃないからと答えています。いわば同じレベルにあるわけですね。慣れた小児科医にとって子どもたちの喧嘩は，バックグラウンドミュージックです。思うにとらわれのない子どもに，わたしのなかの子どもを重ね合わせているのかもしれません。

　それではいつから子どもたちは現実を見つめ，社会の規範を受け入れ，社会化への道を歩むようになるのでしょう。かつて 5 歳から 20 歳くらいまでの児童，青年の人物画を何百枚と収集したことがあります。驚いたことに，就学前

の子どもと小学1年生との間に大きな格差が見られました。就学前の子どもたちはこちらの教示などお構いなしに、自由に筆を走らせます。たとえば「人を一人描いてください」と言われてカブトムシを描く幼稚園児がいます。しかしそれは自分の好きなカブトムシを描いたのであって、そこには人の形をとらないにせよ自分というものが表現されています。もちろん、人を一人描いてくださいと言われて複数の人を描くなどはよくあることです。しかしこれが1年間の違いかと目を疑うほどに、小学1年生になると俄然描き方が進歩します。すなわち自分の好きなカブトムシではなく、人を描くのです。皆が皆、人を一人ちゃんと描いてくれます。もはやカブトムシやピカチューを描く子どもなどいません。

　満開の桜の花咲くころ母親に手をつながれ小学校の校門をくぐった途端、子どもたちはいわゆるおりこうさんになるのです。かしこまって小さな椅子に座り、先生の話に耳を傾け指示を守ろうとするようになります。それが潜伏期なのだと思うと胸に迫るものがあります。社会化されることで、幼い時代の何かが失われてしまいます。いみじくもディ・レオはそれを、「子どもから親へ、すなわちエディプスからライオス王への理論的逆行」であると述べています。

　本文の図49、図50をごらんください。作者は二人とも母親のいない家庭に育っています。5歳のボビィは、不在の母親を描くことで現実を否認しました。エディプス期にある彼は母親への愛着を示しています。ところが、11歳のティナは事実を受容していたので母親を省略し、自分と父親が家事に携わっているように描きました。怒りを覚えつつも現実を直視しています。こうして子どもたちは child mind を少しずつ手放し、社会のなかに組み込まれていきます。本書にはその潜伏期の子どもたちの絵が121枚収録されています。個性化と社会化のなかで揺れ動く子どもたちの姿です。

　やがて潜伏期の子どもたちは、「社会的な活動やスポーツ、勉学を楽しむ」ようになります。そして、「言語化できない怒りや空しさ、不満が、絵を描くことでうまく外に向けて発散されます」。もし社会的・知的な活動に身を入れたり、絵を描くなど創造的な自己表現の手段をもたない子どもたちはどうなる

のでしょう。再び幼児期に退行し，心理学を勉強した誰もが想像できるように，症状化，身体化，行動化の道へとそれてしまうのです。こう考えてくると，困難に直面した潜伏期の子どもたちへどんなふうに手を差し伸べればよいのか想像できるでしょう。

潜伏期について

　これまでなにげなく使用してきた「潜伏期」という用語について，ここで説明を加える必要があるかもしれません。もう25年前になりますが，小児の行動発達を専門に勉強を始めたころ，慶応義塾大学病院小児科の秋山泰子先生のもとで『エリクソン自我同一性』（小此木啓吾訳編，誠信書房）を読み合わせることになりました。初めて心理学に触れる機会だったということもあり，忘れがたい体験として記憶に残っています。優れて印象深かったのは，「しかし，今や学校へゆく時である」の一章です。「六年にして之に数と方の名とを教え，七年にして男女は席を同じゅうせず，食を共にせず」といわれますが，小学校に入学する時期が大きな区切りになるのですね。それは，概念の上だけでなく，実際にも子どもたちはそれまでの自分との間に一本の線を引きます。子どもたちが child mind を少しずつ捨てて，「マミーよりも知識を必要とし」「赤ん坊でいるより，学校でちゃんとした子どもでいる」ようになる時期です。そしてこれが昇華であるとエリクソンは述べています。彼は，潜伏期について次のように描写しています。「フロイトが，この時期を潜伏期と呼んだ理由は，正常な場合にはこの期間中激しい衝動が眠りこんでいるからである。しかし，それは嵐の前の凪にすぎない」と。何度耳にしても，潜伏期ということばは言い得て妙です。読者の皆様には聞き慣れないかもしれませんが，この機会に潜伏期という用語と概念を実際の子どもたちに結びつけてご理解いただければと思います。

　ディ・レオは，子ども以外にも文化的制約から解放された人びとの絵に目を注いでいます。社会から高い評価を得ているアーティストのなかには，文化的

な平衡を保つための境界線を越えてしまう者がいます。創造的な相にある彼らは，自我，超自我そして文化的制約からも解放され，現実を遮断してしまうといわれます。優れたアーティストも精神障害者も文化的制約から解放されていますが，双方の違いは，空想をコントロールすることができるか否かであると述べられています。

　横道にそれますが，教壇に立つようになって1年半，現在わたしは九州女子大学心理社会学科2年生の生理心理学の授業を担当しています。緻密な思考を要する神経学は学生時代からもっとも不得意な分野でしたので，とりあえず良い教科書を選定することが良い授業につながると考え，『こころを生み出す脳のシステム』（茂木健一郎著，日本放送出版協会）を使用することにしました。そこには脳科学から光を当てた心の世界が広がっており，物理学者の奥行きに感嘆することしきりですが，彼も「さまざまな発明や発見，芸術作品を通して人類の可能性を広げてきたのは，実はバランスを崩した脳だったのではないか」と示唆しています。ヒトの脳には通常，ある特定の能力が暴走しないように抑制している機能が備わっているそうです。暴走を抑制する力がいわゆる心理学でいう自我の強さなのだと思うと，単なる物質であるニューロンとあいまいな人の心が不思議につながってきます。潜伏期とは，自我の力をたくわえて暴走を阻止しようとする時期であり，それが子どもたちの絵にも表われています。

　前訳書『絵にみる子どもの発達』を上梓してまもないころ，東京女子医科大学名誉教授であられる高尾篤良先生よりお便りが届き，訳語の誤りをご指摘いただきました。高尾先生は1953〜54年にかけて，ニューヨーク愛児病院にて，ディ・レオ博士よりDevelopmental　Diagnosisの実際を習ったそうです。「Foundling Hospitalの一室にDr DiLeoの部屋があり，発達診断をやりながら，捨て子の誕生日を大体決めていた事も若い私には驚きでした」。ええっ，直接ディ・レオの教えを受けられたとは……。すでに故人となり過去の人であったディ・レオが生き生きとよみがえり，不思議な感動を覚えずにはいられ

ませんでした。時空間を超え，わたしはディ・レオにあいまみえたのでした。

　高尾先生によりますと，New York Foundling Hospital はニューヨーク基金病院ではなく，"見いだされし小さき者"の病院であり，捨て子と訳すべきだったのです。『絵にみる子どもの発達』はおかげさまで版を重ねておりますが，第3刷より「ニューヨーク愛児病院」に訂正しています。「みなしご病院」でも良かったのですが，訳者の判断で「愛児病院」にさせていただきました。また広くご意見など賜りたいと存じます。ご教示いただきました高尾先生にはこの場を借りてお礼申し上げます。

　最後になりましたが，本書で2冊目の訳本ならびに1冊の著作をお世話してくださった誠信書房編集部の松山由理子氏ならびに長林伸生氏に深く感謝いたします。振り返って，苦しさもありましたが，概して心楽しい作業でした。まさに潜伏期の子どもたちのように，「自分が役に立っている感覚」「ものをつくったり，ものをよいものにしたり，完全なものにさえすることができるという感覚」を編集者の皆様と共有できましたことを，何より嬉しく思っています。

　　　平成14年7月5日
　　　　　　　　　　　　　　短冊に思いを寄せて　白川佳代子

人名索引

ア行
アイズリー　219
アベッレ　43
アマトルーダ　145
アリエティ　64
アルベルティ　132, 191
ウィトキン　164
ウィニコット　2, 9, 56
ヴェルフリ　194, 195
エリクソン　8
エルンスト　193
オッペンハイマー　162

カ行
カズンズ　iii
カナレット　85
ガリレオ　189
キーツ　4
グアルディ　85
グッドイナフ　34, 55
クラパレド　38
グリフィス　120
クレー　193
クレリン　104
ケイ　196
ゲゼル　8, 145, 158
ゲーテ　220
コッホ　167, 169

サ行
サグリオーネ　65
ザゾ　98, 158
ジオット　210
シャガール　19, 25
シェイクスピア　ii
スウェンソン　73
ステント　80
ストラットン　65
スマッツ　74

夕行
ソクラテス　189
ゾンマー　65

夕行
ダンテ　210
チマブエ　210
チャップリン　161
ディ・レオ　8, 23, 34, 64, 66, 112, 156, 191, 212
ティチアーノ　56
テヴォ　193, 212
テキッペ　65
デメイア　167, 173
デュビュッフェ　192
ドーソン　162
ドーミエ　26
トレーバー=ローパー　147

ハ行
ハイス　112
ハクスリー，オールダス　80
ハクスリー卿　104
バーグマン　112
バック　12
ハリス　34, 55, 73
ハルブライヒ　109
バロン　190
ハンマー　168
ピアジェ　5, 28, 35, 64, 169
ピカソ　25, 26, 193
ファン・ゴッホ　55, 184
フォンジ　65
ブランバック　123
フリック　65
プルースト　116
フロイト，アンナ　ii
フロイト，ジグムント　ii, 8, 54, 189, 190
ブローカ　163
ペイマン　120
ペトラルカ　111, 128

239

ベラスケス　56
ベルニーニ　56
ベレンソン　209
ベンダー　37
ボニノ　65
ボーランダー　13, 168, 169
ホロヴィッツ　65

マ行

マコーバー　13, 56, 73, 120, 165, 219
マシュート　167, 173
マティス　25
マーレンス　165
ミルトン　1
ミケランジェロ　212
三島由紀夫　39
ムーア　112
ムンク　182

メートランド　34

ヤ行

ユング　10

ラ行

ラシューズ　124, 125
リッチ　28, 33
リード卿　189
リュッケ　3, 34
ルイス　65
ルカ　65
レヴィ　163
レヴィ=ストロース　38
レオナルド・ダ・ヴィンチ　82, 104, 111, 151,
　　157, 161, 189, 190
レンブラント　56
ロールシャッハ　3

事項索引

ア行

IQ　110, 124
アイコンタクト　112, 116
アイデンティティ　66, 90
Art Brut　23, 192, 193, 213
安心感　12, 15, 25, 37, 43, 49, 59, 62, 64, 65, 74, 79, 113, 205, 214
遺棄　194, 214
移行対象　9
一次過程　191
一次思考　191
イメージ　4, 9, 11, 38, 71, 82, 97, 98, 111, 120, 161, 182, 196, 197
陰影づけ　9, 19, 77, 173, 208, 222, 223
印象主義　25
WISC　55
内なるモデル　28, 35
埋め込み図形テスト（EFT）　164, 165
運動性の描画　35, 147, 148, 150
HTP法　39, 167
X線技法　28, 36
エディプス　ii, 92, 96, 116
MMPI　190
円　11, 35, 103, 116, 147, 148, 153
遠近法　36, 44, 191
演劇　209
音楽　209, 210, 212

カ行

快感原則　191
解釈　i, 1, 2, 3, 4, 8, 12, 19, 39, 54, 55, 56, 66, 73, 77, 80, 102, 117, 120, 165, 167, 169, 189, 191, 197, 208, 214, 219, 221
外傷体験　173
外的現実　9, 44
外的世界　111
鏡文字　14
学習障害　109
学齢期　3, 4, 8, 19, 64, 85, 109, 117, 120, 123, 128
家族画　63, 68, 73, 90, 91, 92
カタルシス　196
家庭崩壊　44, 64, 218
感覚運動期　35
関係念慮　120, 182
木　i, 12, 34, 39, 43, 77, 97, 167, 168, 169, 201
利き手　vi, vii, 145, 148, 158, 162, 163, 166
記号　10, 14, 219
傷あと　43
機能障害　109, 151, 158, 161
虐待　59, 96, 194, 214
狂気　26, 189, 190, 192, 194
鏡像　95, 161
局在化　162, 163, 165
拒食　180, 182
巨大な頭部　104, 109
緊張性頸反射　145, 148
空間　12, 15, 25, 64, 65, 71, 158, 159
空想　12, 14, 35, 39, 44, 109, 169, 190, 192, 193, 218, 221
区画　71
具体的操作　28, 35
グッドイナフ=ハリス・テスト　34, 36, 66, 110, 165, 205
形式的操作期　35
幻覚　120, 196
元型　9, 11, 56, 109
言語化　iii
言語機能　163, 164
現実原則　191
原子論　i, 74
幻聴　120
攻撃性　ii, 14, 79, 117, 182, 188, 197
交叉　128, 145
行動化　iii, 218
行動科学　74
個人空間　64, 65
コミュニケーション　4, 9, 35, 71, 117, 201
コンテクスト　4, 10, 80, 164, 208

241

サ行

罪悪感　194
錯覚　19, 38, 82, 85, 191
里子　43, 98, 194, 218
左右差　ⅰ, 145, 151, 163, 164, 166
自我　ⅱ, 189, 190
視覚アート　10, 36, 209, 210
視覚的リアリズム　28, 34, 36, 161
自画像　8, 189
自己愛　12
志向性　12, 147
自己像　64, 77, 98, 102, 168, 182, 188
自己中心性　ⅱ, 28, 34, 35, 44, 161, 191
自己の概念　165
自己表現　176
思春期　88, 90, 102
システム　120, 145, 162, 191, 218
自然科学　80
シーソー効果　65, 66
自尊心　64, 165
失語症　109
失読症　127
ジャーゴン　220
自由画　34, 39, 43, 169
就学前　3, 8, 25, 34, 104, 120, 124
順応主義　176
昇華　ⅲ
象徴　36, 49, 56, 71, 74, 173
情緒障害　19, 23, 26, 176, 177, 182, 194
省略　72, 83, 90, 92, 97, 120, 167, 168, 208
女性原理　12
心身症　90
身体内部テスト　120
人物画（D-A-P）　12, 35, 36, 55, 65, 66, 73, 98, 103, 104, 105, 117, 120, 151, 153, 164, 167, 168, 191, 193, 196, 214, 221, 223
シンボル　9, 10, 14, 37, 54, 109, 111, 120, 124, 128, 201, 205, 207, 208, 219
信頼性　1, 36, 56, 218
心理検査　56
スクィグル・ゲーム　2
スタンフォード＝ビネー知能検査　55, 110
生産性　ⅱ
精神障害　27, 109, 116, 120, 190, 191, 193, 194, 218
精神遅滞　104, 106, 176, 177, 178
精神分析　56, 73, 80, 147, 189, 208
性差　124, 128, 132
性的衝動　ⅱ, 194
性同一性　88
青年期　ⅱ, ⅲ, 8, 59, 66, 90, 116, 148, 167, 194, 212
性役割　ⅰ, 14, 88, 124, 128, 139, 142, 182
折衷主義　219
前思春期　8, 92, 169, 208
前操作期　8, 28, 35, 37, 169, 191
全体論　74
潜伏期　ⅱ, 14, 102, 128, 139, 191, 208, 214
相互関係　117, 164, 165, 166, 208
創造性　26, 35, 64, 189, 190, 212
想像性　193, 196
ソフトサイン　1

タ行

退行　ⅰ, 59, 64, 107, 177, 190
対象　10, 65, 164, 176
対称性　23, 162, 192, 193, 222
対人関係　66
妥当性　1, 2, 56, 73, 79, 80, 177, 191, 208, 218, 219
男性原理　12
知覚　112, 164
知的リアリズム　8, 28, 35
知能　179
聴覚障害　120
超自我　189
直観　28
テネシー自己概念テスト　65
同一化　102, 129, 176
投影　23, 39, 55, 73, 167, 169, 176, 208
投影法　39, 56, 71, 73, 165, 168
動機づけ　117
統計解析　ⅰ, 1, 112, 167, 168
統合　19, 205
頭足類　19, 109, 111
動的家族画（K-F-D）　73, 90, 132, 134, 144, 183, 184, 185, 214
同胞葛藤　90
透明画　8
特殊化　166, 167
特殊学級　9
トラウマ　10, 77, 97

ナ行

内的現実　44
なぐり描き　26, 35, 147, 148, 150, 151, 152, 166, 225
二次過程　192
二次思考　191
乳児期　109
認知-情緒の割合　65, 66
認知スタイル　163, 164, 165, 166
認知発達　35, 64, 73, 191
ネグレクト　92, 194

ハ行

場依存性　164, 166
媒体　10, 38, 111, 117, 165, 212
バウムテスト　167
パーソナリティ　9, 13, 23, 25, 27, 39, 55, 56, 73, 117, 164, 165, 167, 168, 169, 176, 190, 191, 192, 201, 205, 208, 219
パーツ　19, 21, 23, 27, 28, 32, 33, 73, 80, 103, 104, 109, 116, 117, 168, 177, 182, 201, 204, 205, 220
発達段階　ii, 8, 19, 92, 191
発達評価　205
ハードデータ　1
場独立性　164, 165, 166
パーマー法　147
パラノイア　116, 120, 196
ヒエラルキー　79, 103
引きこもり　23
左利き　128, 147, 148, 151, 155, 156, 158, 161, 162, 163, 166
筆圧　15, 16, 25, 148, 222
否認　92
表現主義　25, 35
表象　9, 10, 11, 25, 34, 37, 39, 44, 103, 104, 109, 111, 193
表象性の描画　34, 147, 148, 166
描線　15, 25
不安　8, 14, 19, 25, 77, 102, 165, 173
フェニールケトン尿症　106, 178
ふし穴　77, 169, 173, 174, 175
舞踊　209, 210

マ行

分離脳　162
分裂病　65, 109, 191, 192, 193, 196
棒-枠組みテスト（RFT）　164, 165
防衛　23
崩壊家庭　62, 63, 94, 97, 98, 102, 117, 182
包括的な診断　10
母性剝奪　147
保存　161
ボディイメージ　59, 73, 164, 165, 166, 182, 214

マ行

マッチ棒人間　214
マンダラ　9, 11
右利き　147, 148, 158
ミニマリズム　59, 64
無意識　9, 10, 14, 37, 55, 59, 66, 90, 168, 196, 205, 208
矛盾　76, 197, 201
目と手の協調　145
メランコリー　44, 189
模倣　221
紋切り型　23, 59, 64, 90, 119, 139, 196, 212, 214

ヤ行

夜尿　59
優位性　74, 109, 145, 147, 161
優位脳　162
有機体　74
誘惑理論　ii
夢　9, 10, 54, 205
養子　90
幼児性欲論　ii
抑圧　10, 173, 196
抑うつ　12, 15, 59, 194
横顔　147, 148, 151, 156, 158, 166, 222

ラ行

ライオス王　ii, 96
ラポール　2, 55, 112
里程標　8
劣等感　90
連想　4, 9, 39
ロールプレイ　161

訳者紹介

白川　佳代子（しらかわ　かよこ）

1950年　香川県生まれ
1975年　慶應義塾大学医学部卒業
現　在　九州女子大学心理社会学科教授
　　　　しらかわ小児科医院院長
専　攻　小児科学
著訳書　『子どものスクィグル──ウィニコットと遊び』（単著，
　　　　2001，誠信書房），ディ・レオ『絵にみる子どもの発達』
　　　　（共訳，1999，誠信書房）

子どもの絵を読む──潜伏期の子どもの121枚の絵
2002年8月20日　第1刷発行
2014年1月20日　第3刷発行

訳　者　　白川佳代子
発行者　　柴田敏樹
印刷者　　日岐浩和

発行所　株式会社　誠信書房
〒112-0012　東京都文京区大塚 3-20-6
　　　　　電話　03 (3946) 5666
　　　http://www.seishinshobo.co.jp/

中央印刷　イマヰ製本所　　落丁・乱丁本はお取り替えいたします
検印省略　　無断で本書の一部または全部の複写・複製を禁じます
Ⓒ Seishin Shobo, 2002　　　　　　　　　Printed in Japan
ISBN 4-414-30295-1 C3011

子どものスクィグル
ウィニコットと遊び
ISBN978-4-414-40283-4

白川佳代子著

ウィニコットのスクィグルは優れた描画法であるが，名人芸的な要素が強かったせいで，日本で実際に試した人は少なかった。言語的コミュニケーションの難しい子どもに小児科外来で行なった数多くのスクィグルの中から選ばれた鮮やかな症例集。ウィニコットが実践の場で息づいた書。

目 次
序文 新宮一成
はじめに
　移行現象としてのスクィグル・ゲーム
　発見の遊びとしてのスクィグル・ゲーム
第1章 子どもとコミュニケーションをとるために
第2章 子どもの描きたいもの，話したいこと
第3章 好きな色のクレヨンをとって
第4章 治療者はどこ？
第5章 子どものファンタジー
第6章 非言語から言語へ
第7章 ジェンダーをどう扱うか
第8章 解釈の遊び
おわりに

A5判上製　定価（本体3200円＋税）

絵にみる子どもの発達
分析と統合
ISBN978-4-414-30286-8

J.H. ディ・レオ著　白川佳代子・石川元訳

本書は，40枚を超える絵から子どもが世界をどう捉えているかを垣間見るとともに，フロイト，ピアジェ，エリクソン，ゲゼルなど，子どもの発達について世界の指導的な思想家たちの見解を統合している。

目 次
1部　大人から見た子どもの世界
　1 発達段階　2 臨界期　3 発達神経の基盤　4 運動発達　5 精神性的および心理社会的発達　6 認知の発達　7 言語発達　8 描画発達　9 発達停止　10 退行　11 対象概念と対象関係
2部　子どもの目から見世界
　12 子どもたちに語りかける　13 子どもたちは語りかける　14 創造性　15 共通原則としての子どものアート
3部　統合
　16 発達的な視点
　17 統合－発達の相互関係と結びつき
　18 子どもを全体的に見る目

A5判並製　定価（本体2300円＋税）

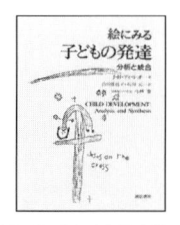